ANDRÉI CHIKATILO

EL CARNICERO DE ROSTOV

AMERICAN
BOOK GROUP

INNOVANT PUBLISHING
SC Trade Center: Av. de Les Corts Catalanes 5-7
08174, Sant Cugat del Vallès, Barcelona, España
© 2026, Innovant Publishing SLU
© 2026, TRIALTEA USA, L.C. d.b.a. AMERICAN BOOK GROUP

Director general: Xavier Ferreres
Director editorial: Pablo Montañez
Director de producción: Xavier Clos

Colaboran en la realización de esta obra colectiva:
Directora de márqueting: Núria Franquesa
Project Manager: Anne de Premonville
Office Assistant: Marina Bernshteyn
Director de arte: Oriol Figueras
Diseño y maquetación: Roger Prior
Edición gráfica: Emma Lladó
Coordinación y edición: Adriana Narváez
Seguimiento de autor: Eduardo Blanco
Redacción: Hernán Khatchadourian
Corrección: Olga Gallego García
Créditos fotográficos: © AP Photo/George Madison, Album/Rue
des Archives, Alexander Wienerberger, 1933, Diocesan Archive
of Vienna (Diözesanarchiv Wien)/BA Innitzer/Creative Commons
Attribution Share Alike 4.0 International, Oleg Suchenko, La
Voz, The Line-Up Files, New York Evening Post, Daily Express
Journals/ Author: Unknown author/Creative Commons Attribution
Share Alike 4.0 International, Serhi Shcherbyna.

ISBN: 9781681658926
Library of Congress: 2021946794

Impreso en Estados Unidos de América
Printed in the United States

Índice

1. Un cuento macabro 4

2. ¿Un asesino en serie en la URSS? 8

3. A la caza del asesino 36

4. La confesión..54

5. Comienza el juicio 68

6. ¿Cómo había llegado hasta allí Chikatilo? 84

7. Perfil Criminal..108

8. Bibliografía..110

Capítulo 1

UN CUENTO MACABRO

El invierno de 1940 era gélido e implacable en Ucrania. La Segunda Guerra Mundial arrasaba con mano demoledora pueblos y ciudades, haciendo que la vida valiera menos que una hogaza de pan. Mientras los hombres luchaban, las mujeres cuidaban a sus hijos y mantenían el hogar. Los medios eran escasos y el hambre era un viejo conocido de todos.

Lejos de los campos de batalla, en la aldea de Yáblochnoye, Anna se disponía a acostar a su hijo. Al igual que muchas otras, estaba sola. Procuraba que se durmiera cuanto antes para que olvidase el hambre y le doliera menos el vientre. Y mientras lo cubría con una vieja manta, le susurraba, sin piedad, una historia tan fría y cruda como ese invierno boreal.

«Había una vez un niño muy bueno, llamado Stepan, que vivía con sus padres en una cabaña en el campo. Tendría tu misma edad y se parecía muchísimo a ti. Era obediente y respetuoso, y siempre que podía ayudaba a su madre. Pero un día se cansó de recibir órdenes y decidió salir de casa solo, corretear por las calles y pasear por el bosque sin que nadie le dijera a dónde ir. Aquella tarde se divirtió, así que volvió a salir a escondidas un día, otro día y otro más...

El pequeño Stepan había cambiado: se distraía fácilmente porque se dedicaba a planear sus aventuras, no recogía la mesa y se había vuelto insolente. Cada vez que salían, la madre le advertía que no se alejara de su lado porque en las calles habitaba el peligro y los niños como él desaparecían sin dejar rastros.

Una de aquellas mañanas, madre e hijo salieron de la casa a hacer unos recados. La nieve caía lentamente, pero pronto el pueblo se tiñó de blanco. El pequeño Stepan iba cogido de la mano de su madre, mas de vez en cuando se soltaba para sentirse libre.

De repente, se había alejado demasiado y perdió de vista a Anna. Aprovechando la oportunidad, una figura oscura que le vigilaba se dibujó frente a él, le cogió por la cintura y, en un instante, le metió dentro de un saco grande y sucio, y le arrastró hasta el bosque. Aterrado, Stepan gritaba y lloraba desesperadamente pidiendo ayuda, mientras clavaba sus uñas en la lona para intentar escapar. Pero fue inútil. Nadie le oyó y no pudo huir.

Su madre le buscó por las calles y los negocios. "¡Stepan! ¡Stepan!", exclamaba angustiada. "¿Dónde te has metido?". Pero el niño no aparecía por ningún lado.

El pueblo entero salió en su búsqueda, pero no había ni un solo rastro de Stepan. Hasta que dos días después, cerca del camino que atraviesa el bosque, un muchacho tropezó con un bulto enterrado en la nieve. ¿Qué sería aquello? Apartó algunas ramas, abrió lo que quedaba de una bolsa vieja y sintió terror, era la cara del pequeño Stepan, muerto.

El cuerpecito depositado allí se había congelado con la barriga abierta de par en par. Le faltaban pedazos. Le habían mordido el pecho y los cachetes de la cara, le habían arrancado las tripas y los ojos, le habían cortado a pedazos las nalgas con un cuchillo, y se habían comido su corazón...».

Al oír esta historia, el hijo de Anna empezó a temblar bajo las sábanas, apretó los ojos y cubrió sus orejas para no escuchar más, pero su madre continuó inmutable para proferir a gritos:

¿Sabes quién era ese niño, Andréi? ¿Sabes quién era ese niño? ¡Era Stepan, tu hermano! Y ahora está muerto porque se alejó de mí. Y eso mismo te va a ocurrir a ti si me desobedeces...

Capítulo 2

¿UN ASESINO EN SERIE EN LA URSS?

En noviembre 1990, cuando la policía capturó a Andréi Chikatilo —al que, días más tarde, los medios sensacionalistas bautizarían como «el carnicero de Rostov»— todos los habitantes del planeta conocieron Rostov del Don, la principal ciudad en la que actuó uno de los asesinos en serie más prolíficos de la historia del crimen mundial.

Rostov del Don era una de las ciudades más importantes de la Federación Rusa de ese momento, con una numerosa población, además de industrias variadas, como la minería, el petróleo y los transportes. Ubicada al suroeste del país y capital de la región del mismo nombre, por allí pasa el río Don, que desemboca en el mar de Azov o mar Negro; de ahí su nombre y también el apodo por el que se conoce a la región, «la puerta del Cáucaso», vía entre Europa del Este y Asia.

Tierra de cosacos y de larga historia, la ciudad recibió su nombre del poder zarista en 1806 y siguió creciendo gracias a la colonización del valle del Don, que trajo inmigración, el cultivo del trigo y después la minería. Un desarrollo que se vio afectado por la Revolución Rusa de 1917 pero, sobre todo, por la Segunda Guerra Mundial y la invasión alemana entre 1941 y 1942, que casi la deja en escombros.

Aun así, continuó creciendo dentro de la órbita de la URSS o Unión de Repúblicas Socialistas Soviéticas durante más de 70 años de régimen comunista, aunque en 1990 y tras la caída del muro de Berlín en 1989, ya no lo haría por mucho tiempo más. Poco después, se produciría la caída definitiva del comunismo, una gran crisis política y económica, y finalmente, el desmembramiento de la URSS.

Esta era la situación que se vivía en varias de las regiones que todavía quedaban en manos de los soviéticos a principios de 1990: un largamente deseado clima de apertura y esperanza en el futuro iba consolidándose por todo ese enorme territorio a la luz de los cambios políticos que se hacían realidad día a día.

Atrás quedaba el fin del comunismo que había comenzado a fines de 1980, cuando Mikhail Gorbachov comenzó a flexibilizar el sistema comunista y a abrirse a Occidente, gracias a dos de sus famosas políticas: *perestroika*, «reestructuración», y *glásnost*, «apertura» o «transparencia». El mundo había cambiado para siempre desde el 9 de noviembre de 1989, cuando cayó el muro de Berlín. Ese fue el punto de partida y el símbolo de la destrucción del sistema comunista, que iba diluyéndose en Europa casi a la misma velocidad con la que se había instalado en 1917.

En este contexto, Rostov del Don se convirtió en el escenario del desenlace de una investigación policial que llevaba años y que iba a dejar al descubierto una de las carnicerías más aberrantes en la historia de los asesinos en serie. Pronto la ciudad se conoció en el mundo por haber albergado por muchos años, y sin saberlo, al asesino en serie más grande de la historia, Andréi Románovich Chikatilo, «el carnicero de Rostov», responsable de, al menos, 53 asesinatos comprobados de mujeres y niños, muchos de ellos cometidos en Rostov del Don, ciudad del suroeste de la Rusia europea.

A partir de 1981 (aunque un crimen anterior, en 1978, puede sumarse a la larga lista de asesinatos), la policía quedó perpleja frente a la cantidad de víctimas que se sumaban con alarmante frecuencia. La incertidumbre de enfrentarse a casos en los cuales los cuerpos sin vida presentaban características similares respecto de cómo habían sido mutilados sobrepasó cualquier expectativa. Fueron 53 casos sangrientos ocurridos en el término de 12 años; aunque la prensa, controlada por el Estado, no diera cuenta de ellos sino hasta que la suma macabra alcanzó el número de 25.

¿Cómo es que un asesino de esta naturaleza pudo actuar con total libertad dentro de las fronteras de uno de los países más vigilados del mundo? La respuesta es cruelmente sencilla: el ojo público no se posó sobre su persona durante más de una década, salvo en un par de ocasiones, y la principal causa de que

Chikatilo pudiera saciar su sed de sangre con libertad por tanto tiempo sucedió, simplemente, porque nadie en el gobierno de la URSS creía que pudiera existir alguien como él en una sociedad comunista. Pero existió.

Mientras el mundo occidental se horrorizaba con decenas de casos de hombres y mujeres que acababan con la vida de sus semejantes por el simple placer de matar, los responsables del gobierno comunista de la URSS se negaban a creer que hubiera asesinos en serie en su país, como si este tipo de criminales fuera algo propio de las sociedades occidentales.

Esta teoría, heredada de la época de Stalin, se mantuvo hasta bien entrada la década de 1980, a pesar de los sucesivos cambios de gobierno. Los líderes del partido no aceptaban que algo así pudiera estar ocurriendo dentro de sus fronteras, y creían que los asesinos en serie eran un mal que solo podía afectar al capitalismo, un sistema tan injusto como corrupto.

Según ellos el sistema soviético era «perfecto» y, en un sistema perfecto, los seres humanos no tenían razón alguna para pervertirse y asesinar sin un objetivo político, económico o pasional; nadie en la jerarquía del poder político y policial podía concebir que un asesino matara por el simple placer de disfrutar con la muerte de otro, siendo ese otro un «camarada».

Esto no solamente repercutía en el hecho de que la policía se viera limitada a la hora de tratar el caso, sino también, en que la prensa, controlada en extremo por el Estado comunista, se viera impedida de informar sobre la totalidad de los cuerpos encontrados y las características que estos presentaban; lo que no hubiera dejado dudas a nadie de que un asesino en serie andaba suelto.

Lo cierto es que la aparición de decenas de cadáveres tomó por sorpresa a los integrantes del Departamento de Policía de Rostov. Nunca habían visto nada como eso. Uno tras otro, varios cuerpos en avanzado estado de descomposición iban llegando a la morgue y pasaban inadvertidos, amparados en el torpe sistema burocrático que fagocitaba a cualquiera que osara enfrentarlo. Sin embargo, cuando la gran cantidad de cuerpos empezó a llamar la atención del Kremlin, un equipo de la policía de Moscú, encabezado por el mayor Mikhail Fetisov, fue enviado a Rostov del Don para dirigir la investigación. Fetisov centró entonces su trabajo en torno a la ciudad de Shakhty y convocó a un analista forense especializado, Viktor Vasilyevich Burakov.

Cuando llegó a Rostov, el forense Viktor Burakov, por entonces de 37 años, formaba parte del personal civil como teniente segundo, pero fue ascendido por el mayor Mikhail Fetisov con el propósito de colocarle al frente de la investigación.

Era el mejor hombre que tenía el equipo para el análisis de pruebas físicas, así como huellas digitales y otras muestras que aparecieran en la escena del crimen, además de ser un experto en ciencia policial y artes marciales. Conocido por su eficacia, fue invitado a participar de la División de Crímenes Graves en enero de 1983 y su incorporación terminó resultando fundamental para la resolución del caso.

Pese a la negativa e insensatez oficial, el mayor Mikhail Fetisov, el detective Viktor Burakov y su grupo de investigadores estaban convencidos de que los asesinatos no habían sido cometidos por personas diferentes, sino que se enfrentaban con uno de los delincuentes más terribles y sádicos del mundo, pero también, con el sistema político para el cual habían trabajado durante ocho largos años.

Un crimen tras otro

El primer asesinato no fue tomado en su momento como el inicio de la masacre, sino como un incidente aislado, quizá por el hecho de que ocurrió tres años antes que el resto de los otros homicidios.

En septiembre de 1978, Chikatilo se había mudado por cuestiones laborales a Shakhty, un pequeño pueblo minero cerca de Rostov del Don. El 22 de diciembre, conoció y convenció a una

Andréi Chikatilo frecuentaba las paradas de autobuses y trenes para relacionarse con sus víctimas. Era común que les ofreciera alguna golosina y las llevara engañadas al bosque para violarlas, matarlas y descuartizarlas.

niña de 9 años llamada Yelena Zakotnova de que le acompañara a una cabaña que había alquilado en secreto.

Una vez allí, intentó violarla, pero no logró la erección debido a la disfunción sexual que padecía. Cuando la niña intentó escapar, la estranguló hasta matarla y la apuñaló, mientras eyaculaba en el proceso. Una vez consumado su primer asesinato, Chikatilo arrojó el cuerpo de Zakotnova a un río cercano.

Después de este hecho, Chikatilo se dio cuenta de que solo podía lograr la excitación sexual y el orgasmo apuñalando a sus víctimas hasta matarlas. Este crimen no quedó totalmente impune, ya que el psicópata estuvo al borde de ser atrapado, pero la policía desvió su atención hacia un joven lugareño condenado años atrás por un crimen similar y le hizo confesar un delito que no había cometido, sometiéndole a torturas.

Chikatilo cometió su siguiente asesinato recién tres años después, en septiembre de 1981. Los investigadores creyeron que se había demorado en actuar de nuevo, porque había estado muy cerca de ser atrapado en la anterior ocasión. El miedo fue la causa del haberse contenido todo ese tiempo, aunque la sed de sangre terminó dominándole nuevamente.

En esa segunda oportunidad, trató de mantener relaciones sexuales con una estudiante (algunas versiones la señalaban como prostituta) de 17 años, llamada Larisa Tkachenko, en un bosque cercano al río Don. Pero, cuando Chikatilo volvió a sufrir los efectos de la disfunción eréctil que le aquejaba, se puso furioso y estranguló a la joven hasta la muerte. Como no tenía un cuchillo a mano, mutiló su cuerpo con los dientes y una rama.

Después de asesinar a otra muchacha, Lyubov Biryuk, de 13 años, en junio de 1982, Chikatilo ya no intentó resistir sus impulsos homicidas y, entre julio y diciembre de ese mismo año, mató a otras seis víctimas de entre 9 y 19 años.

De esta manera, el criminal comenzó a frecuentar estaciones de ferrocarriles y autobuses, lugares en los que se dedicaba a entablar conversaciones con niños y jóvenes que habían huido de sus casas, y les convencía de acompañarles a un bosque cercano u otras áreas aisladas. Allí, procedía a dominar a sus víctimas tras asegurarse de que estuvieran solas; luego, les ataba las manos a la espalda con una soga para proceder a continuación a asesinarlas.

El caso de Lyubov Biryuk fue uno de los primeros que se le encomendaron al detective Burakov. La joven había desaparecido cuando regresaba de un viaje de compras proveniente de la aldea de Donskoy, en junio de 1982. Su cuerpo fue hallado semienterrado en un campo cuando un granjero pasaba el arado cerca de una zona boscosa.

Si bien se trataba de un caso aislado, Viktor Burakov notó que la joven había sido acuchillada más de 40 veces y que su atacante había mutilado varias partes de su cuerpo, e inclusive le había arrancado las cuencas de sus ojos. Todos estos indicios lo remitían a las características de los asesinos en serie que conocía de los informes policiales que se filtraban desde Occidente.

Alarmado, pidió a sus superiores emitir una alerta, pero todos sus esfuerzos fueron en vano. Sin embargo, Fetisov le ayudó en secreto proporcionándole recursos y hombres. Para fines de ese año, ya contaba con once casos de similares características, algunos heredados de sus predecesores, que no habían investigado en profundidad debido a la desidia, otros nuevos, como los cadáveres que fueron hallando en las cercanías de estaciones y zonas boscosas. Sin duda, había un asesino en serie operando en Rostov del Don y en las ciudades cercanas, e iba a ser más difícil atraparle debido a las trabas burocráticas y el escaso personal, que por la habilidad del homicida para permanecer oculto.

Viktor Burakov, quien había comenzado en el departamento forense y había sido nombrado detective a cargo del Departamento de Asesinatos por Fetisov, notó rápidamente una serie de patrones que marcaban el *modus operandi* del asesino, a saber:

- El asesino se hacía amigo de sus víctimas, generalmente niños o adolescentes de ambos sexos, así como de jóvenes mujeres, en estaciones de tren o paradas de autobús.
- Las víctimas adultas eran prostitutas o mujeres sin hogar.
- Les atacaba después de atraer a los incautos a áreas más apartadas.
- Intentaba violar a sus víctimas.
- Utilizaba un cuchillo para asesinarles y mutilarles.
- En los primeros ataques, era común que apuñalara o les sacara los ojos.
- En algunos casos, se comía los órganos sexuales.
- Ocasionalmente, se deshacía de otras partes del cuerpo como narices o lenguas.
- Los cuerpos aparecían casi siempre en bosques cercanos a las vías de las estaciones de Rostov, Shakhty y Krasny Sulin, entre otras.

Buscando a un asesino

Al principio, la investigación se tornó muy lenta, ya que no habían encontrado la totalidad de los cuerpos de las víctimas de Chikatilo hasta ese momento. Más tarde, cuando se puso en marcha el operativo para capturarle, comenzaron a aparecer cadáveres en mejor estado de conservación.

En ellos, pudieron hallar muestras de semen que permitieron a la policía determinar que el asesino tenía el tipo de sangre AB. Otro detalle en común era que, en los cuerpos de todas las víctimas, se hallaron canas idénticas, que terminaron por confirmar la mala noticia: había un asesino en serie.

Chikatilo cesó su actividad delictiva hasta junio de 1983, pero entre ese mes y septiembre se cobró cinco nuevas víctimas: Laura Sarkisyan (15), Irina Dunenkova (13), Lyudmila Kutsyuba (24), Igor Gudkov (7) y Valentina Chuchulina (22). Los cuerpos se acumulaban en la morgue, y esto, unido a las similitudes en el patrón de heridas infligidas a las víctimas, llevó al fiscal de la URSS a reconocer formalmente el 6 de septiembre de 1983 que había una relación entre por los menos seis de los asesinatos cometidos hasta ese momento.

Debido a la inexperiencia de la policía a la hora de analizar el salvajismo con el que fueron cometidos los crímenes, gran parte del esfuerzo se concentró en vigilar e investigar a ciudadanos con enfermedades mentales, así como a homosexuales, pedófilos y delincuentes sexuales.

Otras teorías describían al asesino como un cirujano, por la extrema precisión con que extirpaba el útero de las mujeres. Por último, también se planteó la posibilidad de que se tratase de ritos satánicos, e incluso de traficantes de órganos. La milicia, como se conocía a la policía en la URSS, trabajaba día y noche recopilando todo lo que se sabía sobre ellos, y agregándoles o quitándoles de una lista de sospechosos, que llegó a contar con más de 25 mil nombres hacia 1987. Pero Burakov era bastante escéptico sobre los métodos para interrogar que usaba la policía local, por lo que no creyó en ninguna de las «confesiones» obtenidas en un primer momento.

Al comienzo, los investigadores bautizaron al asesino como «La bestia» por la forma en la que trataba a sus víctimas, arrancándoles trozos de carne mientras intentaba abusar sexualmente de ellas, para devorarlas después. A las mujeres, les sacaba los pezones a cuchilladas o a mordiscos y se los comía, o bien los guardaba como trofeo; además, les quitaba el útero con la ayuda de un cuchillo. Por otra parte, a los niños y adolescentes varones, les amputaba los genitales con precisión casi quirúrgica. Investigaciones posteriores, indicaron que, aunque realizaba estos actos con varones, no era un signo de homosexualidad, sino que lo hacía para feminizarles.

Finalmente, en varias ocasiones, arrancaba los ojos de los cuerpos y los abandonaba o los devoraba. Había dos teorías al respecto; ya que algunos investigadores suponían que el asesino lo hacía porque creía que, en las retinas de sus víctimas, quedaba grabada la última imagen que habían visto, es decir, la de su asesino. Sin embargo, esa teoría se contraponía con otras que indicaban que actuaba así con el fin de despersonalizar a los desgraciados que caían en sus manos, ya que para él dejaban de ser seres humanos y se transformaban en objetos. Esto ocurre con muchos homicidas que tapan la cara sus víctimas para evitar tratarlas como seres humanos.

Para Burakov, el asesino lograba alcanzar el orgasmo sin penetración. Por eso, en algunas ocasiones eyaculaba directamente sobre los cuerpos sin vida; pero en otras lo hacía sobre su mano, y después utilizaba trozos de ramas para introducir el semen en la vagina de mujeres y niñas.

Un detalle que permitió verificar que se trataba del mismo asesino es que Chikatilo se deshacía de algunas partes del cuerpo como narices y lenguas; quizá, con el fin de dificultar la identificación de los cadáveres.

Investigaciones posteriores llevaron a Burakov y a sus hombres a enterarse de que varias de las víctimas habían sido vistas antes de su desaparición en compañía de un hombre de entre 30 y 40 años, charlando amigablemente en el andén o en la sala de espera de varias estaciones.

Más adelante, se logró establecer que las jóvenes prostitutas o mujeres sin hogar a las que se acercaba Chikatilo casi siempre eran atraídas con promesas de alcohol o dinero. Chikatilo las llevaba hacia las zonas boscosas donde intentaba tener relaciones sexuales con ellas. Pero, al no poder lograr una erección, se despertaba su furia asesina, especialmente si la mujer se burlaba de su impotencia.

En el caso de los niños, Chikatilo atraía a los pequeños a áreas apartadas utilizando un sinfín de artimañas aprendidas en las charlas que mantenía con ellos. De esta manera, el asesino les prometía ayuda o compañía, o apelaba a su curiosidad ofreciéndose a mostrarles un atajo; o la oportunidad de ver sellos, películas, monedas raras, o regalándoles alimentos y dulces.

Burakov contra la policía

Varios jóvenes apresados por la policía confesaron haber cometido algunos de los asesinatos, aunque generalmente se trataba de personas con discapacidad mental que habían admitido los crímenes bajo extensos interrogatorios, a menudo brutales. Tres personas homosexuales y un delincuente sexual convicto se suicidaron como resultado de las duras tácticas de la policía soviética.

Pero, a medida que la policía iba obteniendo confesiones como si las estuviera produciendo en masa, la aparición de más y más cadáveres demostraba que los sospechosos en custodia no podían ser de ninguna manera el asesino que estaban buscando.

Uno de los casos emblemáticos fue el arresto de Yuri Kalenik (19), un joven que había vivido varios años en un hogar para niños con retraso mental y que había sido acusado por uno de sus excompañeros en un transporte público. Yuri fue interrogado sin derecho a un abogado ni a guardar silencio. De hecho, apenas sabía lo que le estaba ocurriendo.

No obstante, sabía perfectamente que no había matado a nadie. Sin embargo, los interrogadores le mantuvieron allí durante varios días, creyendo que inevitablemente terminaría por confesar su culpa. Pronto a Yuri se le hizo evidente que, para dejar de ser golpeado, tendría que decirles a los milicianos lo que estos querían escuchar. De esta manera, no solo confesó los siete asesinatos que se habían registrado hasta ese momento, sino que agregó cuatro más que habían ocurrido en el área. Ahora, todo lo que la policía necesitaba era la existencia de pruebas físicas para procesarle.

Como se dijo anteriormente, tras aceptar la tarea de dirigir la investigación, Viktor Burakov comenzó a dudar de los métodos aplicados por la policía local. Para él, Yuri parecía un sospechoso viable debido a su trastorno mental, pero no terminaba de convencerle de que fuera el culpable. El mejor indicio que acompañaba esta corazonada se lo ofrecía el propio joven, que en las reconstrucciones de los hechos no iba directamente a los sitios en los que se habían hallado los cuerpos, sino que parecía deambular hasta que los agentes que le acompañaban le hacían entender dónde querían que fuera.

Mayor sorpresa se llevó Burakov al examinar la confesión escrita de Kalenik y darse cuenta de que había recibido gran parte de la información sobre lo que se esperaba que dijera de parte de sus propios interrogadores.

El detective se encontraba en medio de esta disyuntiva cuando apareció otro cuerpo en una zona boscosa. Se trataba de una joven a la que le habían quitado los pezones, posiblemente con los dientes, y a la que, además, le habían cortado el abdomen y vaciado la cuenca de uno de sus ojos.

El cadáver había permanecido allí durante varios meses y le faltaba la ropa. Sin duda, Kalenik podría haber sido responsable del asesinato de esta joven de identidad desconocida, ya que estaba libre en ese momento. Sin embargo, el 20 de octubre, este supuesto dilema se terminó de despejar.

Ese día apareció el cuerpo de una nueva víctima, y los peritos determinaron que había sido masacrada tres días antes, es decir, mientras Kalenik estaba bajo custodia. Y, si bien sus heridas eran similares a las de las otras jóvenes, en este caso, sus ojos permanecieron intactos. La policía pensó en un principio que esta joven podía no ser parte de estos asesinatos en serie, aunque se comprobó que viajaba en tren. Quizá el asesino hubiera cambiado de método. Quizá...

Lo cierto es que el hallazgo dejó al descubierto que Yuri Kalenik no era el responsable y que el asesino que perpetraba estos crímenes todavía estaba en libertad. Con prisa por cerrar estos casos, estaba claro que la policía había agregado un nuevo error a su larga lista.

Mientras todo esto ocurría, Chikatilo ya estaba encaminado a convertirse en uno de los asesinos en serie más prolíficos, no solo de la URSS, sino del mundo. En octubre de 1983, mató a una prostituta de 19 años llamada Vera Shevkun y en diciembre, a un muchacho de 14 años de nombre Sergey Markov, que había desaparecido el 27 de ese mes.

El cuerpo del joven fue encontrado cerca de las vías del ferrocarril y, gracias a los efectos del frío invernal extremo, los detectives de Fetisov pudieron ver qué les había hecho el asesino a estas personas, ya que de las anteriores víctimas únicamente habían encontrado restos óseos al borde de la momificación.

Los forenses pudieron determinar que el asesino había apuñalado al niño en el cuello unas 70 veces, y que más tarde había cortado sus genitales y extraído toda el área del pubis. Además, había violado a su víctima analmente y luego se había ido a un lugar cercano para evacuar.

El mayor Fetisov decidió entonces volver sobre los pasos que el niño había dado el día en que desapareció. Comenzó en un pueblo llamado Gukovo, del que era originario y donde se lo había visto por última vez. Fue cuando había subido al *elektrichka*, el tren de cercanías. En esa misma ciudad, había un hogar para personas con retraso mental, donde los maestros informaron que un exalumno, Mikhail Tyapin, de 23 años, se había ido de allí a la misma hora en que habían ocurrido los hechos y había tomado el mismo tren. Pese a que era un joven muy fornido y apenas sabía hablar, la policía obtuvo una confesión.

Tyapin fue arrestado junto con un amigo llamado Aleksandr Ponomaryev. Ambos dijeron que habían conocido a Markov, que le habían atraído al bosque y que le mataron. También, se hicieron cargo de haber dejado sus excrementos en las cercanías. Tyapin manifestó, además, varias fantasías violentas, y se adjudicó la autoría de otros varios asesinatos sin resolver en el área. Sin embargo, por no saberlo, nunca mencionó nada sobre extraerles los ojos a las víctimas y tanto él como Ponomaryev confesaron dos asesinatos más, que luego se demostró que habían sido cometidos por otra persona.

Sorpresivamente, después del arresto de Tyapin, apareció el cuerpo de una mujer que había sido atacada del mismo modo que las víctimas anteriores; aunque otra vez sus ojos estaban intactos y había surgido un nuevo elemento: el asesino le había quitado un dedo.

Los forenses también obtuvieron una prueba contundente: una huella de zapato talla 13 dejada en el barro. Pronto fue identificada como la de Natalya Shalapinina, una joven de 17 años que había sido vista en la estación de autobuses junto a un joven que trabajaba cerca de allí y que tenía una coartada válida.

El informe del médico forense arrojó tres hechos significativos: la víctima tenía piojos púbicos, su estómago contenía comida no digerida y no había semen dentro de su vagina. Aparentemente, el asesino se había masturbado sobre ella. También, era posible que la hubiera engañado con la promesa de darle comida, dado que era pobre. La policía revisó las farmacias en busca de hombres que hubieran comprado productos contra piojos, pero no obtuvieron resultados positivos.

Todo esto terminó por confundir todavía más a los investigadores, excepto a Burakov: estaba seguro de que no habían detenido a quien buscaban. Él creía que el culpable era uno solo, no parte de una pandilla como algunos teorizaban, y que estaba claramente demente.

En esos días, apareció la primera prueba real sobre el verdadero asesino. El médico forense encontró semen en el ano del niño Markov, que había sido violado por su predador.

De esta manera, cuando detuvieran al asesino, podrían comparar los antígenos de la sangre. La prueba no daría como resultado una coincidencia exacta, pero al menos ayudaría a eliminar a un gran número de sospechosos. De hecho, casi todos los jóvenes que habían confesado eran liberados al poco tiempo, dado que tenían otro tipo de sangre. Pero, más tarde, el laboratorio informó que había errado la muestra obtenida del cuerpo de Markov y que la verdadera coincidía con el acusado Mikhail Tyapin; con lo cual la policía supuso que tenían al asesino en sus manos. Sin embargo, siguieron apareciendo más cadáveres.

El año de los 15 crímenes

Entre enero y febrero de 1984, Chikatilo mató a dos mujeres de edades diferentes, la mencionada Natalya Shalapinina (17) y Marta Ryabenko (45), en el Parque de los Aviadores de Rostov. Y el 24 de marzo, se llevó caminando a un pequeño de 10 años llamado Dmitry Ptashnikov lejos del quiosco de sellos postales en Novoshakhtynsk, donde le conoció.

Mientras caminaba con el niño por las calles de esa ciudad minera, Chikatilo había sido visto por varios testigos, que más tarde pudieron dar a los investigadores una descripción suya bastante detallada: alto, con gafas, de mejillas huecas, con las rodillas rígidas y los pies grandes. Algunos otros vecinos dijeron haberle visto subir a un coche blanco, sin embargo, nadie pudo confirmarlo.

Tres días después, cuando fue hallado el cuerpo de Ptashnikov, le faltaban la punta de la lengua y el pene. La policía también encontró una huella del asesino, así como muestras de semen y saliva en la ropa del niño, hechos que permitieron relacionar el crimen con otros dos anteriores.

El 25 de mayo, Chikatilo asesinó a una joven mujer, Tatyana Petrosyan (32) y su hija Svetlana (11) en un bosque a las afueras de Shakhty. Petrosyan conocía a Chikatilo desde hacía varios años, tal como se pudo determinar con el correr del tiempo. La asesinó a cuchilladas delante de su hija, que trató de huir, pero fue muerta a martillazos. Para el 19 de julio, el asesino había matado a otras tres personas más: Yelena Bakulina (22), Dmitriy Illarionov (13) y Anna Lemesheva (20).

En el verano de 1984, Chikatilo fue despedido de su trabajo como empleado de suministros por robo de propiedad. Sus superiores le habían pedido que renunciara en silencio en febrero para evitar la vergüenza, pero él no lo hizo porque negaba los cargos. Para su suerte, encontró otro puesto como empleado de suministros en Rostov el 1 de agosto de ese mismo año.

Al día siguiente, Chikatilo mató a una niña de 16 años llamada Natalya Golosovskaya, otra vez en el Parque de los Aviadores y, el 7 de agosto, asesinó de 39 puñaladas a Lyudmila Alekseyeva (17) a orillas del río Don, justo antes de volar a la capital de Uzbekistán, Tashkent, por un viaje de negocios.

Para cuando Chikatilo regresó a Rostov el día 15 de ese mes, ya había matado a una joven desconocida y a la niña Akmaral Seydaliyeva (12). Dos semanas después, el 28 de agosto, un pequeño de 11 años llamado Aleksandr Chepel fue encontrado estrangulado, castrado y con los ojos desgarrados en Rostov. Finalmente, el 6 de septiembre, la joven bibliotecaria, Irina Luchinskaya (24), sufrió igual suerte en el Parque de los Aviadores de Rostov.

Cuando las víctimas halladas durante 1984 llegaron al número de 15, Burakov optó por montar operativos especiales destinados a vigilar la mayoría de los centros de transporte locales, en vista de que era allí donde el asesino captaba a sus presas. A finales de ese verano de 1984, las autoridades habían contabilizado 24 víctimas que, probablemente, habían sido asesinadas por el mismo hombre, y muchas de ellas en los años previos, a juzgar por su grado de descomposición.

Fue en uno de estos operativos que los hombres de Burakov dieron con Chikatilo, al que no solo vieron comportarse de manera sospechosa en una estación de autobuses, sino que también le encontraron una cuerda, un envase de vaselina y un

Zona boscosa en las afueras de Shakhty, ciudad situada en el óblast de Rostov, a 75 km de la ciudad de Rostov del Don. Chikatilo cometió los aberrantes crímenes de Tatyana Petrosyan (32) y su hija Svetlana (11) en este bosque, uno de los escenarios preferidos por el asesino.

cuchillo en el maletín que llevaba. De inmediato, se dio la orden de arrestar al sujeto, pero la suerte iba a jugarle una muy mala pasada a Viktor Burakov.

Chikatilo fue exonerado de los cargos, debido a que su tipo de sangre era diferente al del semen hallado en los cuerpos de las víctimas, y eso fue más que suficiente para eliminarle de la lista de sospechosos. No obstante, estuvo preso durante tres meses por delitos menores, hasta que usó su estatus de miembro del Partido Comunista para recuperar su libertad.

¿Por qué razón Chikatilo había quedado libre? La respuesta está en que por aquel entonces la policía soviética no contaba con la posibilidad de realizar un análisis de ADN, algo que se implementó muchos años después. Por eso, lo único que tenían para identificar al agresor era su semen. Y como el examen de sangre de Chikatilo reveló que contaba con el tipo de sangre A, y no AB, como la de la muestra, su participación en los asesinatos quedó descartada.

Tras su liberación, Chikatilo encontró trabajo como comprador de insumos para una fábrica de trenes de Novocherkassk, una ciudad ubicada a mitad de camino de Rostov y Shakhty, y allí logró mantener un bajo perfil hasta agosto de 1985, cuando volvió a asesinar a dos mujeres en circunstancias diferentes. En esta ocasión, acabó con las vidas de Natalya Pokhlistova (18) el 1 de agosto de 1985; y la de Irina Gulyayeva (18), el 27 del mismo mes. Tras esos nuevos raptos de locura, el asesino optó por mantenerse inactivo.

Tras un perfil

Frustrado por la falta de progreso en las investigaciones y atento a estas dos nuevas víctimas, Burakov decidió violar el protocolo en busca de ayuda y, desde 1984, comenzó a reunirse en Moscú con psiquiatras especializados en traumas sexuales. Por primera vez en la historia de la Unión Soviética, la policía recurría a expertos en el comportamiento humano para atrapar a un criminal. Burakov instó a los profesionales a familiarizarse con el caso y a redactar un perfil, o más perfiles, en caso de considerar que hubiera más de un asesino.

Algunos siguieron su propuesta, pero pronto abandonaron la tarea, quejándose de la poca información con la que contaban, o quizá temerosos de las represalias que podrían sufrir en caso de reconocer que había un asesino en serie.

El único que decidió colaborar fue el doctor Alexandr Bukhanovsky, proveniente del Instituto Serbsky, un centro psiquiátrico y forense de Moscú, quien acordó estudiar los pocos detalles conocidos, así como también los patrones de la escena del crimen para elaborar un perfil. El especialista leyó todo lo que pudo encontrar sobre patologías sexuales y esquizofrenia, aunque ello significara correr un riesgo. Este caso, por inusual que fuera, le interesaba sobre todo porque pensaba que su hija, por entonces una niña, podía llegar a ser una víctima potencial del asesino.

Bukhanovsky realizó un informe de 65 páginas en tan solo diez días. Allí estableció que el asesino medía alrededor de 1,55 o 1,60 m, y que tenía entre 45 y 50 años, así que era mucho mayor de lo que Burakov y sus hombres creían.

Asimismo, lo describió como un «necrosádico», alguien que logra gratificación sexual mediante el sufrimiento y la muerte de sus semejantes. Debido a su sadismo, tenía dificultades para obtener alivio sin ejercer la crueldad, algo que entre otras pruebas era evidente en las heridas de muchas de las víctimas; ya que, a menudo, a las personas que sufren esta condición les gusta infligir heridas superficiales.

También, logró determinar que era compulsivo: seguía la incitación de su necesidad, dado que sufría de depresión si no podía matar, al punto de que seguramente padecía fuertes dolores de cabeza. Esto significaba que el criminal no era ni retrasado mental ni esquizofrénico, puesto que tenía la capacidad de planificar y realizar sus ataques, e incluso era lo suficientemente inteligente como para desplazarse por un extenso territorio, probablemente en transporte público.

Pero, tal vez, el hallazgo más importante de Bukhanovsky fue que el asesino era sexualmente impotente y que debía de haber sufrido muchos traumas en su infancia que le convirtieron en un sádico. También, estableció que debía de ser soltero, o bien, sostenía que, si estaba casado, su esposa sería una mujer sumisa. Otro detalle esencial era que se trataba de un atacante solitario y, por lo tanto, el único delincuente involucrado.

De esta manera, el perfil definido por Bukhanovsky, según se comprobaría varios años más tarde, coincidía al detalle con la personalidad de Andréi Chikatilo. Y, si bien la policía le había detenido en una primera instancia por el crimen de la pequeña Yelena Zakotnova en 1978, y por segunda vez, en 1984 por su actitud sospechosa, no se disponía de datos informatizados para orientar las búsquedas y relacionar a los sospechosos. La falta de ordenadores ocasionaba que todo lo que se sabía sobre posibles involucrados en los crímenes fuera escrito a mano en fichas que luego se almacenaban en cajas, que a su vez se archivaban y que nunca se volvían a consultar. Así, por ejemplo, como Burakov comenzó a investigar el caso en 1983, nunca se enteró de la primera detención de Chikatilo, lo que hubiera permitido apresarle en una primera instancia y evitar que la matanza alcanzara a más de medio centenar de víctimas.

La decisión de incorporar a Bukhanovsky —por entonces de 41 años— a la investigación también generó polémica, no solo entre los superiores de Fetisov y Burakov, sino también entre sus subordinados, que se reían del hecho de que un académico con tiradores y zapatos costosos les acompañara a revisar los sitios apartados en medio de la maleza donde habían encontrado a las víctimas.

Y en Moscú tampoco estaban contentos con el hecho de que se insistiera en la idea de que el culpable era un asesino en serie, y de que le investigara alguien cuya área de especialización era la homosexualidad y la transexualidad. Para los policías, era preocupante la idea de convocar a un especialista que únicamente buscaba comprender la vida privada de un criminal cuando, para ellos, se trataba exclusivamente de atrapar al asesino.

El sistema de la policía comunista había quedado obsoleto con respecto a los sistemas y agentes del orden del mundo occidental, algo que Burakov procuraba hacerles entender a espaldas de sus superiores.

Por su parte, Bukhanovsky se empeñaba en hacer lo mejor posible su trabajo bajo sus propios términos, pero nadie podía prever que su tarea no estaba ni mucho menos terminada. Todavía le tocaba jugar un papel fundamental en el final de esta estremecedora historia, cuando terminaría encontrándose en circunstancias apremiantes y cara a cara con el mismísimo Andréi Chikatilo.

Pese a que el informe de Bukhanovsky le había impresionado, Burakov obtuvo otras dos opiniones de especialistas, uno de las cuales insistía en que había dos asesinos, por lo cual intentó atar cabos sueltos y no dejar nada librado al azar.

Entre aciertos y pasos en falso

Con la idea en mente de que el asesino tenía una disfunción sexual, el obstinado investigador buscó registros de hombres condenados por delitos homosexuales y se encontró con Valery Ivanenko, quien había cometido varios actos de perversión y del cual se afirmaba que era un psicótico. Además de su personalidad carismática, Ivanenko había sido maestro, tenía 46 años, era alto, usaba anteojos y había sido internado en el Instituto Psiquiátrico de Rostov, del que había logrado escapar. Todo sonaba demasiado bueno para ser verdad: era el sospechoso «perfecto».

Burakov decidió, entonces, vigilar el apartamento de la madre inválida de Ivanenko, y allí logró atraparle y arrestarle. Pero, una vez realizados los análisis de sangre, la misma resultó ser del tipo «A», lo que le eliminó de la lista de posibles asesinos.

Decidido a todo con tal de lograr su objetivo, Burakov le propuso a Ivanenko un trato inusual: le solicitó ayuda para investigar a la comunidad gay como informante, a cambio de su liberación. Ivanenko demostró ser un aliado bastante efectivo para obtener información secreta y, si bien esos datos no dieron pistas que permitieran atrapar a Chikatilo, sí le permitieron a Burakov enterarse de todo lo que ocurría en los bajos fondos de Rostov, ya fueran actos perversos como violentos.

Sin embargo, Burakov pronto se dio cuenta de que estaba yendo hacia más callejones sin salida. Los presuntos criminales homosexuales que investigaba a pedido de Ivanenko no parecían tener el trastorno de personalidad compatible con el perfil del asesino que andaba buscando. De esta manera, terminó por aceptar la opinión de Bukhanovsky, de que este asesino era heterosexual, pero probablemente impotente a la hora de mantener relaciones sexuales. Burakov entrevistó también a Anatoly Slivko, condenado a muerte por el asesinato de siete adolescentes entre 1964 y 1985, en un nuevo intento por comprender la mente del hombre que le venía desconcertando desde hacía años.

Curiosamente, por esta época, el asesino no volvió a actuar, y la policía sospechó que podría haber sido encarcelado por otros delitos o haber muerto, pero lo cierto es que Chikatilo logró controlar su instinto asesino durante 1986, debido a una causa muy especial. Ocurría que Burakov e Issa Kostoyev, el director del Departamento de Crímenes Violentos de Moscú, que dependía de la Oficina del Fiscal de URSS, habían dispuesto que los trenes de los tres distritos más importantes estuvieran patrullados por agentes vestidos de civil y *druzhinniki* o «milicianos voluntarios» que se habían ofrecido para resolver el caso.

Sus instrucciones eran las de detener a cualquier ciudadano que pareciera sospechoso y chequear sus documentos. Asimismo, habían conseguido helicópteros del ejército para vigilar las vías ferroviarias y los bosques circundantes.

Este operativo exhaustivo fue la verdadera causa por la que Chikatilo dejó de asesinar durante casi un año y medio, entre diciembre de 1985 y mayo de 1987.

Más tarde, los investigadores se sorprendieron al descubrir que el propio Chikatilo, en su calidad de empleado independiente del Departamento de Asuntos Internos, había estado ayudando en el patrullaje de los trenes en busca del «asesino», es decir, de él mismo. Conociendo Chikatilo que la investigación se había centrado solo en esas tres áreas, terminó reanudando la matanza en lugares más alejados.

En efecto, pese a todos los esfuerzos de Burakov y de la policía, el 16 de mayo de 1987, Andréi Chikatilo volvió a matar y, como para despistar a las autoridades, lo hizo fuera del área de Rostov. De igual manera, dejó de abordar a sus víctimas en estaciones de medios de transporte públicos locales, ya que la estricta vigilancia policial de estas áreas continuaba y él estaba al tanto de lo que ocurría.

La primera víctima de esta nueva etapa, la número 35 en realidad, se la cobró durante un viaje de negocios a la ciudad de Revda, en los Montes Urales. Allí asesinó a un niño de 13 años llamado Oleg Makarenkov.

La misma suerte sufrió el 29 de julio de ese año Ivan Bilovetski, de 12 años, a quien masacró en Zaporozhye, en Ucrania, su tierra natal. Según los informes policiales, el ataque fue tan brutal que la hoja de su cuchillo se rompió y fue encontrada más tarde por los investigadores.

Dos meses más tarde, el 15 de septiembre, Chikatilo asesinó en Leningrado a su última víctima de ese año, Yuri Tereshonok, de apenas 16 años. Como una suerte de patrón agregado a su *modus operandi*, Chikatilo asesinó a igual cantidad de víctimas durante 1988.

Así, en los dos años posteriores, el número de cadáveres aumentó en otras 19 víctimas, y todo parecía indicar que el asesino había redoblado la apuesta, ya que se centraba en niños pequeños a los que mataba en lugares públicos, donde el riesgo de detección era mucho mayor.

El 9 de abril de 1988, Chikatilo atacó a una niña que no pudo ser identificada, en tanto que el 14 de mayo acabó con la vida del pequeño Aleksey Voronko, de 9 años, y el 14 de julio, con la del adolescente Yevgeniy Muratov, de 15.

El asesino dejó pasar varios meses antes de emprender una nueva masacre, y lo hizo nada menos que en el apartamento de quien luego se sabría, era su propia hija, Liudmila, en la ciudad de Shakhty, el 8 de marzo de 1989. El inmueble estaba desocupado, dado que la joven se había divorciado recientemente y había emprendido el regreso al hogar paterno.

Y allí llevó Chikatilo a la adolescente Tatyana Ryzhova, de 16 años. Una vez en el lugar, la emborrachó con vodka con el objeto de seducirla y luego intentó violarla con el mismo resultado de siempre, por lo que la mató a puñaladas.

Una vez que su locura se aplacó, se dio cuenta de que no podía abandonar el cuerpo de la niña en la casa, como hacía con el resto de sus víctimas, por lo que la decapitó y le cortó las piernas con un cuchillo de cocina. A continuación, envolvió sus restos en trapos y prendas de vestir y ató los paquetes a un trineo que pertenecía a un vecino. Finalmente, arrastró el vehículo por las calles hasta el área donde arrojó el cadáver descuartizado.

Ese mismo año, Chikatilo incrementó notablemente sus ataques, de modo que en poco más de un mes asesinó a dos niños: Aleksandr Dyakonov, de 8 años, y Aleksey Moiseyev, de 10, asesinados el 11 de mayo y el 20 de junio, respectivamente.

El 19 de agosto, el criminal volvió a la carga y asesinó a Helena (o Yelena) Varga, de 19 años, a quien conoció mientras se dirigía al cumpleaños de su padre, Roman Chikatilo. Al verla en una parada de autobuses, se ofreció a acompañarla a su casa, pero en cambio la atrajo hacia un bosque cercano y una vez allí, la apuñaló. Después de extirparle el útero y parte de la cara, envolvió los restos en su ropa y se fue a celebrar la fiesta del aniversario paterno como si nada hubiera ocurrido.

Nueve días más tarde, Chikatilo conoció en una tienda de videos a Aleksey Khobotov, de 10 años. Tal como lo había hecho en muchas ocasiones, logró atraerle fuera de la atención pública y le apuñaló muchas veces. A continuación, enterró sus restos en una fosa que había excavado previamente en el cementerio de Shakhty. El cuerpo de Aleksey no apareció sino hasta diciembre de 1990.

En su último año en libertad, Andréi Chikatilo logró asesinar a ocho personas más antes de que la policía pudiera darle caza. Muchos expertos en psiquiatría creen que el propio subconsciente de Chikatilo terminó por jugarle una mala pasada y le hizo cometer varios errores en los últimos tiempos.

Andréi Kravchenko, de 11 años, se convirtió en la primera víctima de Chikatilo de ese año, el 14 de enero. El 7 de marzo, menos de dos meses después, el maniático encontró una nueva oportunidad de matar y acabó con la vida de Yaroslav Makarov, de 10 años. En el mes de abril, la joven Lyubov Zuyeva (31) cayó bajo su cuchillo y sació parcialmente la sed de sangre de Chikatilo, que dejó de atacar por algunos meses.

Sin embargo, el 28 de julio volvió a la carga y asesinó al pequeño Viktor Petrov, de 13 años, y el 14 de agosto, a Ivan Fomin, de 11.

Los medios de comunicación, ya sin las restricciones de antaño gracias a las políticas de la *glásnost* de Gorbachov, no solo revelaban todos los datos disponibles sobre los asesinatos, sino que además presionaban públicamente a la policía para que atrapara al criminal.

Fue por eso que los esfuerzos de los agentes se redoblaron, al punto de contar con más de 100 hombres repartidos por la ciudad de Rostov, en las estaciones de autobús y tren de los alrededores, así como en los parques.

La búsqueda continuaba.

Capítulo 3

A LA CAZA DEL ASESINO

El riesgo de ser descubierto parecía ser un aliciente para Chikatilo, quien se arriesgara cada día más y más. Así fue como el 17 de octubre asesinó a Vadim Gromov, de 16 años, cuyo cuerpo fue hallado cerca de la estación de tren de Donleskhoz de Rostov recién el 30 de aquel mes. Esa estación había sido una de las más vigiladas en las últimas semanas, pero, por más increíble que parezca, el día en que Gromov fue asesinado, no había efectivos para disponer en el lugar.

Cuando fue hallado, se descubrió que el cuerpo del muchacho había sido estrangulado, apuñalado 27 veces y castrado. Además, el asesino le había cortado la punta de la lengua y apuñalado el ojo izquierdo.

El descubrimiento de nuevas víctimas llevó a la policía a barajar y dar de nuevo, y por eso se inició una nueva estrategia para dar con el asesino. Como los dos últimos cuerpos se habían descubierto en las estaciones de una ruta ferroviaria que atravesaba el óblast o región de Rostov, Viktor Burakov sugirió un plan para saturar todas las estaciones más grandes con una presencia policial evidente por estar uniformada, hecho que el asesino no podía dejar de notar.

La intención era desalentar al maniático de atacar en cualquiera de estos lugares para atraerle a otras estaciones más pequeñas y menos concurridas, donde dispondrían de agentes encubiertos para patrullar. De esta manera, las actividades del criminal serían más notorias y se podría proceder a su captura.

El plan fue aprobado y, tanto los oficiales uniformados como los encubiertos, recibieron instrucciones de interrogar a cualquier hombre adulto en compañía de una mujer joven o un niño, y anotar su nombre y número de documento.

La policía consiguió refuerzos y desplegó 360 hombres en todas las estaciones del óblast de Rostov; en tanto que los oficiales de incógnito fueron enviados a las tres estaciones más pequeñas —Kirpichnaya, Donleskhoz y Lesostep— que resultaron ser aquellas donde el asesino había golpeado con mayor frecuencia. El operativo, que se puso en marcha el 27 de octubre de 1990, obligaba al asesino a atacar en cualquiera de ellas, dado que a simple vista no contaban con vigilancia.

Pese a ello, el 30 de octubre, Chikatilo logró hacer bajar de un tren a Viktor Tishchenko, de 16 años, en la estación Kirpichnaya, una de las que se encontraban bajo vigilancia de la policía encubierta, y le mató en un bosque cercano. El 3 de noviembre el cuerpo de Tishchenko fue encontrado con 40 cuchilladas y se convirtió así en la penúltima víctima de Chikatilo; aunque no sin antes haber dado una dura batalla contra su atacante que repercutiría semanas después en la captura final de su asesino.

El 6 de noviembre, Chikatilo atacó a una joven mujer de 22 años llamada Svetlana Korostik. Ella le acompañó al bosque, cerca de la estación de Donleskhoz, donde su verdugo la golpeó, la apuñaló y la mutiló. Desaforado, Chikatilo le amputó la punta de la lengua y los dos pezones, y se los comió en la escena del crimen antes de cubrir su cuerpo desnudo con hojas y ramas.

La búsqueda se intensifica

Para ese entonces, la policía había logrado reunir un equipo de 600 efectivos, a los que había encargado investigar a lo largo de las líneas de tren que tenían recorridos cercanos a los bosques. De esta manera, cuando regresó a la estación de Donleskhoz, después de asesinar a la joven Svetlana, Chikatilo vio a cuatro mujeres y a un hombre parados en la plataforma.

El hombre resultó ser el sargento Igor Rybakov, un policía encubierto asignado al grupo de trabajo del «Cinturón del bosque». El oficial notó que Chikatilo, vestido con traje y corbata, caminaba junto a la plataforma secándose el sudor y se acercó a un pozo para lavarse la cara y las manos.

Lo que le llamó la atención a Rybakov fue que el sujeto tenía un dedo vendado y una mejilla manchada de sangre; y cuando le tuvo más cerca, notó que el abrigo de Chikatilo tenía manchas de hierba y tierra en los codos.

Claramente, parecía sospechoso. La única razón por la que la gente ingresaba al bosque cerca de la estación de Donleskhoz en esa época del año era para recolectar hongos silvestres (un pasatiempo popular en Rusia), pero Chikatilo no estaba vestido como un recolector; ya que iba de traje. Además, tenía una bolsa deportiva de nailon, claramente inadecuada para transportar hongos.

Con este panorama, Rybakov detuvo a Chikatilo y revisó sus papeles, aunque no tenía ninguna razón formal para arrestarle. Cuando el agente regresó a su oficina, presentó un informe de rutina que contenía el nombre de la persona que había detenido en la estación y la posible muestra de sangre observada en su mejilla.

El 13 de noviembre, una semana después de ser asesinada, apareció el cuerpo de Korostik, la víctima número 36 para la policía, que muy pronto se llevaría una amarga sorpresa: el recuento final sería mucho más amplio.

Tras el hallazgo del cadáver, se convocó al oficial a cargo de la vigilancia en la estación Donleskhoz y se examinaron los informes de todos los hombres detenidos e interrogados la semana anterior. Así surgió, de entre todos los sospechosos, el nombre de Chikatilo, que no solo figuraba en esos informes, sino que ya era familiar para varios oficiales involucrados en el caso, entre ellos Rybakov. Además, hubo milicianos que recordaron su arresto e interrogatorio en 1984. Otros efectivos también le reconocieron a partir de una lista de sospechosos compilada en 1987 y distribuida por toda la Unión Soviética.

También, fue de gran utilidad el testimonio de una mujer que vio a Chikatilo forzando a Viktor Tishchenko a bajar del tren el día en que fue asesinado.

Solo después de interrogar a los empleadores actuales y anteriores de Chikatilo, los investigadores pudieron determinar que este, gracias a los viajes que realizaba por trabajo, pudo estar presente y en fechas cercanas, así como en los pueblos y en las ciudades en que varias de las víctimas habían sido asesinadas.

Pero los investigadores fueron un poco más allá y, tras hablar con los excolegas de los institutos educativos en los que se había desempeñado Chikatilo, descubrieron que se había visto obligado a renunciar en dos oportunidades debido a las reiteradas quejas por su comportamiento lascivo, así como de agresiones sexuales cometidas contra sus propios alumnos.

Un cerco inteligente, detención y arresto

Burakov y la policía pusieron entonces el foco en vigilar a Chikatilo y establecieron un cerco en torno a él, el día 14 de noviembre de 1990. Desde entonces, notaron que cuando ingresaba en estaciones de trenes o autobuses, se acercaba a mujeres y niños solitarios con el fin de entablar conversaciones. Si la mujer o el niño interrumpían la conversación, Chikatilo esperaba unos minutos y luego buscaba a otro incauto.

Una semana después, el 20 de noviembre, Chikatilo salió de su casa con una jarra grande que más tarde llenó de cerveza en un pequeño quiosco de un parque cercano y, acto seguido, comenzó a deambular por Novocherkassk, intentando contactar con los niños que iba conociendo en su camino. En primer lugar, trató de hablar con un pequeño que se asustó e hizo acercar a una mujer, probablemente, su madre. El sospechoso caminó un poco más hasta que conoció a otro niño con quien entabló una conversación hasta que su progenitora le llamó, quizá asustada por los rumores que circulaban a través de la prensa.

Al salir de un café, cuatro hombres con chaquetas de cuero se acercaron a Chikatilo y se identificaron como policías encubiertos, para luego aprehenderle. Fue transportado a la oficina de Mikhail Fetisov en la sede regional del Departamento de Asuntos Internos. Chikatilo, que no había hecho ningún intento de resistir el arresto, no dijo absolutamente nada durante todo el viaje.

El 22 de diciembre de 1978, Chikatilo arrojó al río Grushevka a su primera víctima: la pequeña Yelena Zakotnova, de 9 años. La había estrangulado y asesinado a puñaladas después de intentar violarla.

Una vez hubo llegado a destino, el reo dio una declaración alegando que la policía se había equivocado de persona y recordó que no era la primera vez que lo hacía, ya que también había sido arrestado en 1984 por la misma serie de asesinatos. «¿Cómo pueden hacerle esto a una persona de mi edad?», dijo en un absurdo intento por defenderse.

Un examen médico exhaustivo reveló que una mordida humana había provocado el calamitoso estado en el que se encontraba el dedo de Chikatilo, cuyo vendaje había llamado la atención del agente Rybakov en la estación de Donleskhoz. Al parecer, la penúltima víctima de Chikatilo, Viktor Tishchenko, era un joven muy fuerte físicamente y resistió hasta las últimas consecuencias.

Esto se pudo determinar gracias a que, en la escena del crimen, la policía encontró señales de una feroz lucha entre la víctima y su asesino. De hecho, una exposición a los rayos X mostró que un hueso del dedo estaba roto, y que su uña había sido arrancada. Lo que sorprendió a sus examinadores fue que Chikatilo no buscó tratamiento médico a causa de estas heridas, sino que se limitó a cubrirlas con una venda y a soportar el dolor sin ningún tipo de calmante, por miedo a ser descubierto.

Entre las posesiones del detenido, la policía halló el maletín que a su vez contenía un cuchillo plegable, dos trozos de cuerda y un envase de vaselina. Tras tomarle una nueva muestra de sangre para cotejar, Burakov y el ahora fiscal Issa Kostoyev plantearon una estrategia con el objeto de lograr que el prisionero confesara todos sus crímenes.

Para ello, se ubicó a Chikatilo en una celda dentro de la sede de la KGB (la policía secreta soviética) en Rostov junto con un informante de la policía, quien recibió instrucciones de entablar una conversación con él y de obtener cualquier información relacionada con los crímenes.

Al día siguiente, el 21 de noviembre, comenzó el interrogatorio formal de Chikatilo, que fue realizado por Issa Kostoyev en su rol de fiscal. La estrategia elegida por la policía para obtener una confesión fue hacer que Chikatilo creyera que era un individuo muy enfermo mentalmente, y que necesitaba ayuda médica profesional. La intención era darle al detenido la esperanza de que, si confesaba, sería procesado de una forma más benigna al alegar locura en su accionar.

La policía sabía que su caso contra Chikatilo era, en gran medida, circunstancial, y que según la ley soviética tenían solo diez días para mantener detenido legalmente a un sospechoso antes de acusarle o liberarle.

Mientras le veía a través del vidrio espejado de la dependencia policial, Burakov pensaba cómo es que habían tenido al asesino dos veces tras las rejas y que otras tantas veces le habían liberado por falta de pruebas. La respuesta estaba más allá de su entendimiento, y quizá del de muchos miembros de la policía científica.

Por su parte, las 36 muertes seguían pesando demasiado sobre las espaldas del detective encargado del caso, Viktor Burakov, mientras rumiaba alternativas válidas legalmente para hacer que Chikatilo confesara sus crímenes.

Pero, en su interior, no dejaba de pensar, al igual que el fiscal, en qué habían fallado. Mientras tanto, el futuro cercano guardaba para Burakov otra ingrata sorpresa que le haría replantearse seriamente cuál había sido su rol en todo este asunto. Y era que la policía había perdido, no una, sino dos ocasiones, para arrestar a Chikatilo, un error que costó decenas de vidas de niños y mujeres.

¿Por qué no le atraparon antes?

Andréi Románovich Chikatilo, nacido en Ucrania el 16 de octubre de 1936, universitario, maestro de escuela, luego gerente de una empresa de suministro de maquinaria; casado, padre de dos niños y miembro del Partido Comunista, hombre educado, tímido y taciturno daba la imagen de ser una persona a la que llamaríamos «convencional», aunque con un perfil algo más bajo que la media.

Un sujeto normal, podría decirse, si pudiéramos establecer qué es y qué no es normal en este mundo.

Ahora detenido, la gran pregunta que rondaba entre los investigadores era siempre la misma: ¿Cuáles fueron las razones para que este hombre se les escapara de las manos en aquellas dos ocasiones anteriores? Tal vez, repasando los hechos puedan comprenderse los vaivenes de la errática investigación.

Si bien en 1978 Chikatilo había sido detenido a causa del primer asesinato que había cometido contra Yelena Zakotnova (9), en dicha ocasión la policía descartó su participación, ya que había responsabilizado del crimen a otro hombre en su prisa por hallar un culpable, como ya se mencionó.

Ya en 1984, tras el macabro hallazgo de numerosas víctimas en áreas boscosas de Rostov del Don, la policía tendió a sospechar de varios individuos con características particulares, especialmente, de hombres que hubieran purgado penas por violación y de miembros de la comunidad homosexual.

Este último enfoque en la investigación justificó decenas de redadas en locales frecuentados por integrantes de este grupo, con el objeto de hallar al asesino, pero también para encarcelarles —aunque los hombres encontrados nada tuvieran que ver con el caso en cuestión—, ya que las relaciones entre personas del mismo sexo estaban prohibidas en la Unión Soviética.

Como la mayoría de los cuerpos habían sido encontrados en los bosques, el caso pasó a denominarse extraoficialmente *Lesopolosa*, es decir, «Cinturón del bosque». Sin embargo, todo el sistema gubernamental estaba en contra de Fetisov y Burakov, que no se conformaban con las confesiones que obtenía la policía y seguían en la búsqueda de un asesino muy diferente a los que lograban detener.

Su opinión también dividió al grupo de trabajo en facciones, sumado al hecho de que el laboratorio criminal no podía darles una respuesta definitiva sobre si las muestras de semen encontradas en dos de las víctimas eran de la misma persona. Para ello, trajeron a un científico forense del laboratorio de Moscú, que hizo un mejor trabajo. El profesional terminó de corroborar que ambas muestras eran del tipo AB y con eso se eliminó a una gran parte de la lista de sospechosos, aunque eso significara también que el asesino todavía estuviera en libertad.

El Ministro del Interior nombró entonces a una docena de nuevos detectives para el caso, y asignó 200 hombres y mujeres al grupo de trabajo. Burakov continuó al frente de la investigación y todas las pistas le eran comunicadas a él personalmente, ya que se movilizaba de puesto en puesto con un vehículo a fin de supervisar a los agentes asignados para trabajar encubiertos en las estaciones de autobús y tren, y pasear por los parques.

Con tanta vigilancia, era inevitable que ciertos hombres sospechosos fueran seguidos y detenidos. Este procedimiento produjo dos posibles culpables, cada uno de los cuales resultó interesante por diferentes razones. Uno parecía ser el hombre que buscaban y el otro se convirtió en informante.

De acuerdo con Robert Cullen, autor de *The Killer Department*, obra que narra la búsqueda, captura y condena de Chikatilo, las instrucciones que tenían estos agentes en un inicio (es decir, antes del informe de Bukhanovsky) eran las de buscar a un hombre «de entre 25 y 30 años, alto, bien formado, con sangre tipo AB».

Según Cullen, la policía pensaba además que «el asesino era cuidadoso, que tenía al menos una inteligencia promedio, que era verbalmente persuasivo, que viajaba mucho y, finalmente, que vivía con su madre o una esposa». Además, se sospechaba que podría ser un expaciente psiquiátrico, o un abusador de sustancias ilegales, y que podría tener algún conocimiento de anatomía y habilidad con el cuchillo. Por lo tanto, cualquier sujeto que coincidiera parcialmente con estas características debía ser sometido a un análisis de sangre.

Por otra parte, el gobierno no permitió a la prensa publicar artículos sobre los vínculos entre estos asesinatos, aunque sí

Las ruinas de la cabaña de Shakhty donde Chikatilo llevó y atacó a la pequeña Yelena Zakotnova. Después de este asesinato, estuvo detenido y quedó en libertad por falta de pruebas, lo que le permitió continuar asesinando durante 12 años.

podían escribir sobre los mismos de manera unitaria para pedir testigos sobre uno u otro de los asesinatos.

Inclusive, no se autorizaban advertencias a las mujeres jóvenes solas ni a los padres para que protegieran a sus hijos; pero, cuando apareció el cadáver número 30, en agosto de 1984, la noticia terminó filtrándose a pesar del cerco informativo de las autoridades y los periódicos comenzaron a dar indicios de la existencia de un posible asesino en serie, a quien todos creían un retrasado mental.

Poco más tarde, el 14 de septiembre de 1984, la policía detuvo brevemente a Chikatilo en el mercado de Rostov, porque su perfil coincidía a grandes rasgos con la descripción del asesino, pero no pudieron demostrar nada más y debieron liberarle.

Algunos meses después, un oficial encubierto vio a un hombre que reunía todos los requisitos en la estación de autobuses de Rostov. El sospechoso hablaba con una adolescente en el andén; pero, cuando ella se subió a su autobús, dio media vuelta y se sentó junto a otra muchacha.

Este comportamiento llamó poderosamente la atención del comandante Zanasovsky, quien pensó que debía interrogarle. El sospechoso se llamaba Andréi Románovich Chikatilo y era el gerente de una empresa de suministro de maquinaria. Según su testimonio, estaba allí en un viaje de negocios, aunque vivía en Shakhty y les hablaba a las mujeres adolescentes porque una vez había sido maestro y extrañaba hablar con gente joven. Ante estos argumentos, y en vista de que no cumplimentaba el requisito de la edad que había impuesto inicialmente la policía, ya que superaba largamente los 30 años, el agente le permitió marcharse.

Sin embargo, notó que Chikatilo permanecía largo tiempo en la estación y decidió seguirle cuando abordó un autobús, en el que también se subió para observarle. «Parecía muy incómodo y siempre estaba girando la cabeza de un lado a otro», anotó en su informe Zanasovsky.

De esta manera, el policía acechó a Chikatilo cuando volvió a subir a otro autobús y le vio hablar allí con varias mujeres. En determinado momento, Chikatilo descendió del vehículo en una estación de Rostov y le solicitó sexo oral a una prostituta, a la que ocultó debajo de su abrigo.

Zanasovsky decidió arrestarle por conducta indecente en público, aunque nunca pensó en que esa decisión le conduciría a un hallazgo increíble. Para su asombro, cuando revisó el maletín de Chikatilo encontró en su interior un frasco de vaselina, un largo cuchillo de cocina, un trozo de cuerda y una toalla sucia. ¿Cómo encajaban esos objetos en la vida de un hombre de negocios?

El agente estaba extasiado por su descubrimiento, ya que creía que tenía el asesino, e instó al procurador a que se acercara para interrogar al hombre. De inmediato se le extrajo sangre a Chikatilo, pero para sorpresa de todos, la misma era de tipo A, y no AB como las muestras de semen halladas en los cuerpos encontrados.

Además, no había nada en los antecedentes de Chikatilo que levantara sospechas y eso, sumado a que era miembro del Partido Comunista y con buenas referencias sobre su carácter, le dejaba a un paso de recuperar la libertad. Sin embargo, le mantuvieron en la cárcel durante 15 días, la condena correspondiente a una conducta indecente en público, para ver si eso lo llevaba a confesar sus presuntos crímenes.

En este tiempo, la policía se enteró también de su afición por los menores de edad, especialmente, niñitas. Descubrieron que había protagonizado incidentes en las aulas de las instituciones educativas en las que había trabajado, que había cometido actos de voyeurismo en los dormitorios y que había realizado una agresión sexual a un niño.

Asimismo, varias personas que vivían en las cercanías de la cabaña que había alquilado en Shakthy (y donde asesinó a la pequeña Yelena Zakotnova), informaron que la usaba para llevar allí a prostitutas. En tanto, otros testigos manifestaron que le habían visto vigilar los pasillos de los trenes. Las sospechas parecían indicar que él podía ser el asesino que buscaban, hasta que la muestra de sangre dio por tierra con todos estos argumentos.

Las causas científicas por las que las muestras dieron negativo se conocerían muchos años después. Lo cierto es que Chikatilo era parte de un reducido grupo de personas denominadas «no secretores», individuos en quienes la característica principal es la imposibilidad de detectar partículas de sangre en sus fluidos. Es decir, hombres en quienes los estudios forenses dan como resultado un tipo de sangre en muestras de semen y otro distinto, en muestras de sangre.

Los no secretores, se sabe ahora, representan entre un 20 y un 35% de la población mundial. Si los peritos hubieran tomado muestras de su esperma, cabello o saliva, habrían descubierto que su tipo de sangre era en realidad «AB», ya que los antígenos «B» no están presentes en la sangre en cantidades suficientes como para proporcionar una coincidencia positiva.

Por lo tanto, la única prueba real y concreta que les quedaba a los investigadores era el contenido de su maletín junto con el informe policial de sus actividades en las estaciones de tren. Pero, increíblemente, el cuchillo y otros artículos se perdieron cuando un oficial de la policía local fue a devolverlos por error a la casa del sospechoso.

Chikatilo negó todas las acusaciones, aunque admitió «debilidad sexual», y finalmente fue liberado. Sin embargo, tiempo más tarde, fue arrestado nuevamente, acusado de haber robado un rollo de linóleo de su oficina, por lo que fue sentenciado a un año en cárcel por este delito, pero el juez simpatizó con él y decidió liberarle a los tres meses, aunque fue expulsado del Partido Comunista.

Todos los vaivenes policiales, arrestos aislados y acusaciones eventuales que cayeron en saco roto, finalmente decantaron en el mes de noviembre de 1990 con la detención del «carnicero de Rostov».

Capítulo 4

LA CONFESIÓN

Efectivamente, los tres asesinatos que Andréi Románovich Chikatilo cometió entre octubre y noviembre de 1990 le dejaron a merced de Viktor Burakov y su equipo de policías, quienes después de ocho años de intensa labor se habían convertido en verdaderos expertos en dar caza a criminales de este tipo, cuya existencia era negada por las autoridades de la URSS hasta algunos años atrás.

Fue así como, tras algunas pesquisas realizadas por los detectives para investigar el entorno del presunto asesino, el fiscal general de la provincia de Rostov emitió entonces una orden de detención del sospechoso, que se hizo efectiva a partir del 20 de noviembre de 1990.

Ese mismo día, el presunto asesino en serie fue detenido por efectivos del por entonces vigente Comité para la Seguridad del Estado (KGB) y le fue comunicado que le consideraban responsable de 36 asesinatos de mujeres y niños.

Ya detenido, Chikatilo consiguió soportar estoico los intensos interrogatorios a los que le sometía el fiscal Issa Kostoyev, que solían durar horas, hasta que el 27 de noviembre aseguró que estaba dispuesto a aportar pruebas de sus crímenes, pero que lo haría durante la siguiente jornada. De esta manera, cesaron el interrogatorio y le dejaron descansar porque decía sentirse exhausto.

Sin embargo, al día siguiente, el fiscal recibió una carta en la que Chikatilo solo confesaba que le había tocado partes íntimas a una niña, razón por la que fue despedido de uno de sus trabajos, cuando se desempeñó como maestro.

Fetisov y Burakov presionaron al fiscal para que les permitiera intentar otra estrategia y el funcionario, también agotado de no obtener nada con qué proceder legalmente contra Chikatilo, aceptó.

El 29 de noviembre, el Dr. Aleksandr Bukhanovsky, el psiquiatra que había escrito el acertado perfil psicológico del asesino en 1985, fue invitado a colaborar en el interrogatorio del sospechoso. Bukhanovsky se excusó de su inexperiencia frente al detenido y, con su «permiso», le leyó extractos del perfil criminal de 65 páginas que Burakov le había encargado y que oportunamente había redactado para él.

«Esto es una basura introductoria escrita para hacerme parecer brillante», le dijo Bukhanovsky para entrar en confianza con el reo, y a continuación comenzó a recitar su propio material bibliográfico. De esta manera, Bukhanovsky fue repasando sus teorías sobre la infancia traumática del «Ciudadano X», como lo había bautizado, sin dejar de lado la soledad que le había caracterizado durante toda su vida, debido a las malas experiencias de sociabilización que había sufrido en la adolescencia.

Además, no omitió los problemas sexuales del homicida ni su condición sádica, que le llevaban nada menos que a arrebatar una vida humana para conseguir un orgasmo. Para cuando Bukhanovsky comenzó a referirse a la costumbre de quitarles los ojos a sus víctimas, Chikatilo no resistió más y se quebró ante él, admirado por lo mucho que el brillante psiquiatra se había acercado a la descripción sobre su persona.

Así fue como, en tan solo dos horas, Chikatilo terminó confesando 34 asesinatos de los 36 que la policía le había imputado, ya que negó dos casos ocurridos en 1986: el de Lyubov Golovakh (33), apuñalada el 23 de julio y el de Irina Pogoryelova (18), muerta en Bataysk el 18 de agosto, con heridas y mutilaciones coincidentes con los ataques anteriores.

Kostoyev trabajó toda la noche contrarreloj y el 30 de noviembre, plazo en el que vencía el periodo de detención legal del reo, acusó formalmente al detenido, Andréi Chikatilo, de 54 años, de haber cometido todos y cada uno de esos 34 crímenes, entre junio de 1982 y noviembre de 1990.

Finalmente, y asesorado por su abogado defensor, Chikatilo escribió una declaración para el fiscal general, que decía:

«Me detuvieron el 20 de noviembre de 1990 y he permanecido bajo custodia desde entonces. Quiero exponer mis sentimientos con sinceridad. Me hallo en un estado de profunda depresión y reconozco que tengo impulsos sexuales perturbados, por eso he cometido ciertos actos. Anteriormente busqué ayuda psiquiátrica por mis dolores de cabeza, por la pérdida de memoria, el insomnio y los trastornos sexuales. Pero los tratamientos que me aplicaron o que yo puse en práctica no dieron resultado.

Tengo esposa y dos hijos y sufro una debilidad sexual: impotencia. La gente se reía de mí porque no podía recordar nada. No me daba cuenta de que me tocaba los genitales a menudo y solo me lo dijeron más tarde. Me siento humillado. La gente se burla de mí en el trabajo y en otras situaciones. Me he sentido degradado desde la infancia y siempre he sufrido.

En mi época escolar estaba hinchado a causa del hambre e iba vestido con harapos. Todo el mundo se burlaba de mí. En la escuela estudiaba con tanta intensidad que a veces perdía la consciencia y me desmayaba. Soy un graduado universitario. Quería demostrar mi valía en el trabajo y me entregué a él por completo. La gente me valoraba, pero se aprovechaba de mi carácter débil. Ahora que soy mayor, el aspecto sexual no tiene tanta importancia para mí, mis problemas son todos mentales.

En los actos sexuales perversos experimentaba siempre una especie de furor, una sensación de no tener freno. No podía controlar mis actos. Desde la niñez me he sentido insuficiente como hombre y como persona. Lo que hice no fue por el placer sexual, sino porque me proporcionaba cierta paz mental y espiritual durante largos periodos. Sobre todo después de contemplar todo tipo de películas sexuales. Lo que hice, lo hice después de mirar vídeos de actos sexuales perversos, crueldades y horrores».

Sin duda, el consejo de su abogado era que aprovechara el informe de Bukhanovsky y la cantidad de asesinatos que había cometido, para hacerse pasar por un enfermo mental que mostraba obsesión por recibir tratamiento psiquiátrico y escapar así de la pena capital.

Cuando se hubo presentado la acusación formal, Chikatilo se ofreció a dar más pormenores sobre los crímenes que había cometido a lo largo de esos últimos 12 años. Para ello, trabajó junto a Burakov y sus hombres, dándoles detalles que solo él podía conocer sobre los ataques. Además, se prestó a la reconstrucción de algunos de los crímenes e, inclusive, señaló dónde había enterrado varios cuerpos que todavía no se habían hallado.

El asesino proporcionó una descripción completa y detallada de cada uno de los asesinatos, vinculados a los hechos conocidos por la policía con respecto a cada uno de ellos. Dibujaba bosquejos de varias escenas del crimen, indicando la posición del cuerpo de la víctima y varios puntos de referencia; detalles que terminaron por confirmar a los investigadores que se encontraban ante el verdadero culpable.

Los datos eran increíblemente exactos. En una ocasión, recordó que una de sus víctimas, una estudiante de 19 años llamada Anna Lemesheva, le aseguró, mientras pugnaba por evitar ser asesinada, que un tal «Bars» tomaría represalias por su ataque. El hecho ocurrió el 19 de julio de 1984 cerca de la estación de Shakhty y como pudieron comprobar los policías, el prometido de Lemesheva tenía el apodo de «Bars» tatuado en su mano.

Además, Chikatilo —que se refería a sus víctimas como «elementos desclasados»— contó que a muchas de sus víctimas masculinas, aunque no a todas, les ataba las manos a la espalda con una cuerda larga antes de proceder a matarlas. Su *modus operandi*

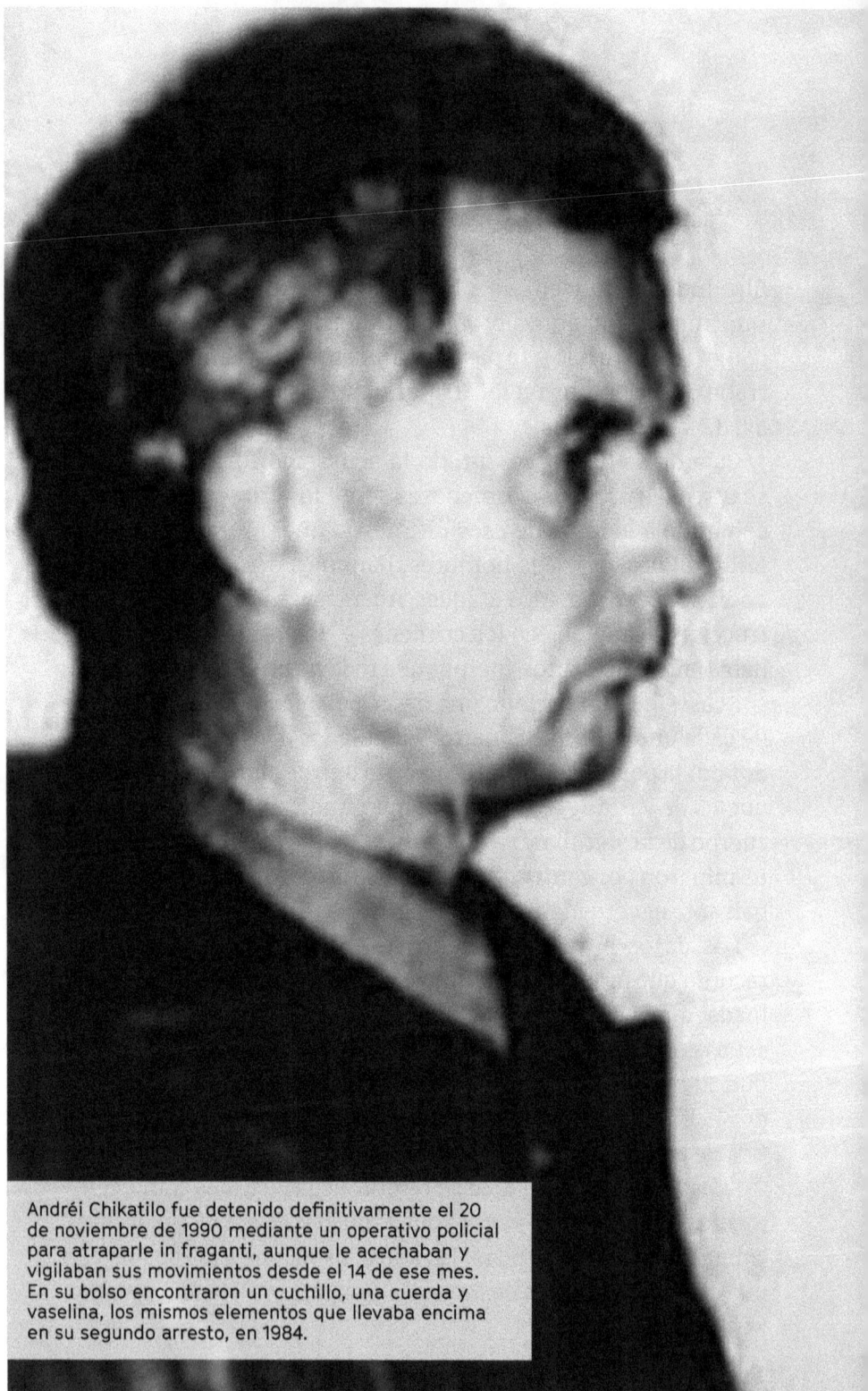

Andréi Chikatilo fue detenido definitivamente el 20 de noviembre de 1990 mediante un operativo policial para atraparle in fraganti, aunque le acechaban y vigilaban sus movimientos desde el 14 de ese mes. En su bolso encontraron un cuchillo, una cuerda y vaselina, los mismos elementos que llevaba encima en su segundo arresto, en 1984.

era infligirles con su cuchillo varias heridas superficiales en el área del pecho antes de concretar una puñalada más profunda. Luego realizaba cortes en la piel, generalmente de 30 a 50 en total, antes de proceder a destripar el cuerpo mientras se arrodillaba sobre sus víctimas para alcanzar el orgasmo, generalmente masturbándose y esperando hasta que sus corazones dejaban de latir.

Además, también explicó cómo se había vuelto experto en evitar los chorros de sangre de los cuerpos de sus víctimas cuando les producía heridas de cuchillo y evisceraciones, y afirmó que los gritos de las víctimas, la sangre y la agonía le proporcionaron «relajación y cierto placer».

Chikatilo también se refirió a la forma en la que apuñalaba, cortaba o arrancaba los ojos de sus víctimas, aduciendo que inicialmente era un creyente de la vieja superstición rusa que decía que la imagen de un asesino quedaba impresa en los ojos de la víctima. Sin embargo, reconoció que en los últimos tiempos había abandonado esa práctica, convencido de que se trataba de «un simple cuento de viejas».

El acusado también confesó haberles arrancado los genitales, labios, pezones y lenguas a sus víctimas con sus propios dientes y un detalle inédito: que en ocasiones bebía su sangre. Sin embargo, reconoció que al hacer esto sintió «escalofríos» y «tembló por todas partes». Entre otros detalles escabrosos, Chikatilo reveló que cortaba o mordía la lengua de sus víctimas mientras realizaba sus evisceraciones y luego, en el momento de la muerte, corría alrededor del cuerpo mientras sostenía la lengua en alto, en una mano. También, admitió que había masticado el útero o los testículos extirpados de algunas de sus víctimas, tal como suponían los detectives; pero negó haber guardado esas partes del cuerpo como trofeos. En cambio, sí reconoció haber tragado los pezones y lenguas de algunas de sus víctimas.

Con el tiempo y para horror de Burakov, Chikatilo confesó que había otros 22 asesinatos que la policía no había descubierto;

ya sea porque los había cometido fuera del óblast de Rostov, porque no se habían encontrado los cuerpos o, como ocurrió en el caso de Yelena Zakotnova, porque otro hombre había sido acusado en su lugar.

Como para asegurarse la autoría de estos crímenes inéditos, Chikatilo proporcionó detalles que únicamente el asesino podía saber. Por ejemplo, se adjudicó el asesinato de la joven Lyubov Volobuyeva, de 14 años, hallada en un campo de mijo y sorgo cerca del aeropuerto de Krasnodar el 25 de julio de 1982. El prisionero recordó que se había acercado a la niña mientras estaba sentada en las salas de espera del aeropuerto de Krasnodar, donde ella le contó que vivía en la ciudad siberiana de Novokuznetsk, y estaba esperando un vuelo de trasbordo para visitar a sus familiares.

En diciembre de 1990, Chikatilo guió a la policía al cuerpo de Aleksey Khobotov, el niño de 9 años que había conocido en una tienda de videos en agosto de 1989 y que había enterrado en un bosque cercano al cementerio de Shakhty, lo que demostraba que él era el asesino. Lo mismo hizo con otros dos cuerpos, e incluso se prestó a realizar la reconstrucción de algunos asesinatos y violaciones con un maniquí y un cuchillo de madera.

Lamentablemente, tres de las 56 víctimas que Chikatilo confesó haber asesinado no pudieron ser halladas ni identificadas, pero el fiscal cambió su alegato y le acusó por el asesinato de 53 personas entre 1978 y 1990.

El reo fue recluido definitivamente en la prisión de Rostov del Don, donde había sido alojado tras su detención el 20 de noviembre.

Según se supo años más tarde, en la misma celda estuvo junto a un preso condenado por fraude. Este último, en colaboración con Burakov, se hizo pasar por un recién llegado que sabía de un abogado muy hábil, que estaba dispuesto a hacerse cargo de su defensa. Tras depositar su confianza en el informante, Chikatilo escribió varias cartas al supuesto letrado, contándole sobre su vida y sus crímenes.

En los escritos, el «Carnicero» relataba las vicisitudes de su vida, en especial, el hambre que había sufrido en su infancia y el hecho de que una vecina había intentado violarlo cuando tenía catorce años. También relató que, a su regreso del servicio militar, muchas mujeres trataban de seducirle en su pueblo natal, pero que él no podía responder recíprocamente, ya que sufría de disfunción eréctil.

Sin embargo, las misivas no llegaron a ningún abogado, sino que acabaron sobre el escritorio de Burakov, según relató el propio investigador en la última entrevista que concedió antes de morir para el documental *30 mitos sobre Chikatilo*.

Algunos años después de cerrar el caso, Burakov fue reconocido por entidades como la CIA y el FBI, como uno de los más efectivos investigadores del mundo.

El 20 de agosto de 1991, una vez que la policía hubo completado los interrogatorios y las recreaciones de las escenas de los crímenes, Chikatilo fue transferido al Instituto Serbsky en Moscú a fin de ser sometido a una evaluación psiquiátrica de 60 días para determinar si era mentalmente capaz de ser juzgado.

El psicópata fue analizado por el psiquiatra Andréi Tkachenko, quien notó que Chikatilo padecía varios problemas fisiológicos que atribuyó al daño cerebral con el que había nacido. Sin embargo, el 18 de octubre terminó por concluir que el acusado padecía un trastorno límite de la personalidad con rasgos sádicos, pese a lo cual estaba en condiciones de ser juzgado.

En octubre de 1991, los detalles de la detención del «maniático» (como lo llamaban los medios) fueron revelados en una multitudinaria conferencia de prensa que incluyó a medios de todo el mundo que enviaron a sus corresponsales, fascinados por esta increíble captura. Extrañamente, en ese acto se dio a conocer a la prensa una lista completa de los crímenes de Chikatilo, junto con un retrato robot de 1984 de la persona acusada, pero no se brindó ni el nombre completo ni una fotografía del acusado.

Alexandr P. Kravchenko, un falso culpable

Durante septiembre de 1978, Chikatilo se había mudado a la ciudad minera de Shakhty junto a su familia. Una vez allí, compró una vieja casa a espaldas de los suyos y la convirtió en una suerte de guarida para sus actividades ilícitas.

Allí fue donde llevó el 22 de diciembre a la pequeña Yelena Zakotnova, de 9 años, a la que estranguló y asesinó a puñaladas tras intentar violarla de manera infructuosa. De este modo, el peor asesino en serie de la URSS se cobró su primera víctima, a la que arrojó al cercano río Grushevka como un despojo.

El cuerpo de Yelena apareció dos días después flotando en el río, al igual que su mochila, que se encontraba en la margen opuesta del mismo. Tras este macabro hallazgo, un testigo le dijo a los agentes que había visto al psicópata con la víctima poco antes de su desaparición en las inmediaciones de la vieja casa.

Además, la policía encontró manchas de sangre de la niña en la nieve, cerca de la vivienda que había comprado Chikatilo y un testigo dio una descripción detallada de un hombre que se parecía mucho a este, al que pudo observar hablando con Zakotnova en la parada de autobús donde la niña fue vista con vida por última vez.

En el testimonio que brindaron a la policía, unos vecinos de la cabaña indicaron que las luces habían estado encendidas toda la noche, por lo que suponían que su dueño se encontraba efectivamente allí. Ese testimonio le convirtió en el principal sospechoso para la policía, pero si bien le arrestaron en una primera instancia, su esposa le brindó una coartada perfecta al afirmar que él había estado toda la noche en su casa cuidando a sus hijos mientras ella trabajaba.

¿Cuál hubiera sido el destino de las siguientes 52 víctimas si la esposa del monstruo no le hubiera proporcionado una excusa lo suficientemente creíble como para dejarlo libre de culpa y cargo?

Lo cierto es que, por alguna de esas malas pasadas que da la vida, tras descartar a Chikatilo, la policía posó su vista sobre Alexsandr Kravchenko, de 25 años, que tenía una condena previa por una violación que había cometido durante su adolescencia contra una menor de edad.

Kravchenko fue arrestado y terminó confesando el delito bajo coacción, probablemente como resultado de un interrogatorio violento al que fue sometido por las fuerzas policiales, alegando que encontraron manchas de sangre en la ropa de la esposa del acusado, cuyo tipo coincidía con el de la niña y con la dueña de la prenda.

Kravchenko se defendió de la acusación manifestando que, durante la tarde del 22 de diciembre, había estado en su casa junto a su esposa y a una amiga de esta, argumento apoyado por los vecinos de la pareja, que pudieron verificarlo.

Sin embargo, la policía amenazó a la esposa de Kravchenko con acusarla de complicidad en el asesinato y a su amiga, de perjurio. De esta manera, obtuvieron nuevas declaraciones en las que ambas mujeres afirmaron que Kravchenko no había regresado a casa hasta la noche del día del asesinato. Frente a este panorama y temiendo por la integridad de su esposa, Kravchenko confesó el asesinato.

Lo mismo ocurrió con los testigos que apoyaron la coartada del acusado, ubicándolo lejos de la escena del crimen. La policía rusa interrogó a varios de ellos individualmente y, misteriosamente, sus recuerdos del paradero de Kravchenko cambiaron al finalizar esas entrevistas.

El joven fue juzgado por el asesinato de Yelena Zakotnova en 1979. Durante el proceso, Kravchenko se retractó de su confesión y reafirmó su inocencia. Afirmó que la misma se había obtenido bajo extrema presión. A pesar de esta retractación, fue declarado culpable del asesinato y condenado a muerte, aunque en 1980, la Corte Suprema la conmutó a 15 años de prisión, la pena de máxima duración en ese momento.

Sin embargo, los familiares de la víctima presionaron al juez para que volviera a cambiar la sentencia. Kravchenko fue juzgado nuevamente y finalmente ejecutado por el asesinato de Yelena Zakotnova en julio de 1983, cinco años después del crimen. Un pelotón de fusilamiento acabó con la vida del acusado que, con el tiempo, se descubrió que era inocente.

Quizá aleccionado por lo cerca que había estado de ser descubierto, Chikatilo no volvió a atacar en los siguientes tres años. Todavía perseguido por las denuncias de abuso infantil, a Chikatilo no le fue posible encontrar otro puesto en la docencia tras ser despedido de su cargo a principios de 1981.

Finalmente, terminó aceptando un trabajo como empleado de una fábrica de materias primas en Rostov, lo que lo obligaba a realizar numerosos viajes que le permitieron conocer y seleccionar a una amplia variedad de víctimas jóvenes durante los siguientes nueve años.

Capítulo 5

COMIENZA EL JUICIO

L os psiquiatras del Instituto Serbsky adujeron que, si bien Chikatilo era un sádico, no sufría ningún trastorno mental que le impidiera ver que sus actos, premeditados, estaban mal. De esta manera, brindaron una conferencia de prensa en diciembre de 1991, en la que dieron a conocer sus conclusiones y diagnosticaron que el asesino estaba «legalmente cuerdo» y que, por lo tanto, podía ser enjuiciado por sus crímenes.

El juicio a Chikatilo comenzó el 14 de abril de 1992 y se convirtió rápidamente en el primer gran evento mediático de la Rusia postsoviética y liberalizada, que ya gobernaba Boris Yeltsin. Ese día, Chikatilo compareció ante el juez Leonid Akubzhanov en el juzgado de la Sala Número 5 del Tribunal Provincial de Rostov.

Si bien las pruebas contra el acusado eran abrumadoras y se visualizaba una sentencia condenatoria de antemano, el objetivo del proceso judicial fue, ante todo, discernir y demostrar si Chikatilo tenía una enfermedad mental o si estaba realmente cuerdo como afirmaban desde el Instituto Serbsky.

Además de los 53 cargos por asesinato, se agregaron cinco causas por agresión sexual cometidas por Chikatilo contra menores de edad mientras trabajaba como docente.

La sala del tribunal, con capacidad para 250 personas, se llenó rápidamente con familiares de muchas de sus víctimas. Cuando el acusado ingresó, los asistentes comenzaron a gritarle toda clase de improperios.

Rápidamente, los guardias del juzgado le ingresaron en una jaula de metal ubicada en uno de los laterales de la sala para evitar que alguno de los presentes se aventurara a agredirle físicamente, o bien, a que recibiera el golpe de algún objeto contundente arrojado contra él.

Lo que más llamó la atención es que el imputado se presentó ante el tribunal afeitado y con la cabeza completamente rapada, una medida que se adoptaba con los reos en las prisiones para evitar la pediculosis producida por los piojos. Además, casi siempre se le vio vestido con su camisa favorita de colores blanca, roja y negra, y estampada con los cinco aros olímpicos.

En todo momento, Chikatilo parecía aburrido, excepto cuando estallaba en ira y le gritaba a la multitud. Calvo y sin sus lentes (aunque más tarde los usó), intentaba parecer demente, babeando y haciendo girar sus ojos como un loco fuera de sí. En dos ocasiones, bajó sus pantalones y mostró su miembro al público, asegurando que no era homosexual.

El primer día, posó, incluso, ante los fotógrafos de los medios que estaban allí con una revista pornográfica en la mano y, más tarde, se quitó la ropa y meneó su pene fláccido. «¡Fíjense qué inutilidad! ¿Qué pensaban que podía hacer con esto?», gritaba ante las cámaras, en referencia a su impotencia sexual, antes de que lo sacaran de la sala.

Durante las primeras semanas del juicio, la prensa rusa publicó artículos con titulares exagerados y sensacionalistas sobre los asesinatos, en los que se referían a Chikatilo como «el caníbal» o «el maniático» y subrayando que se parecía físicamente a un individuo demoníaco por su cabeza afeitada al ras.

Para los presentes, el ambiente del juicio era realmente escalofriante, con los familiares de las víctimas forcejeando contra una barrera humana de policías que trataban de impedir que se acercasen a la jaula donde el acusado lanzaba sonoros gruñidos.

«No puedo ni respirar el mismo aire que él respira. Dejadme que le descuartice con mis propias manos», gritaba una asistente ante la prensa. «¿No habría sido mejor pegarle el tiro aquí mismo?», se preguntaba indignado otro asistente, consultado por el cronista del matutino *El País*.

Tras ingresar a la sala, el juez Leonid Akubzhanov se sentó en el estrado con dos ciudadanos a ambos lados como jurados.

Durante los primeros dos días del proceso, que se extendió por seis meses, el juez hizo leer las largas listas de acusaciones contra Chikatilo recopiladas en 225 volúmenes.

El proceso a Chikatilo se extendió por seis meses y el juez anunció un juicio abierto al público con el objetivo de que no ocurrieran más casos aberrantes como este. El asesino había sido detenido dos veces y liberado. La masacre se habría podido evitar.

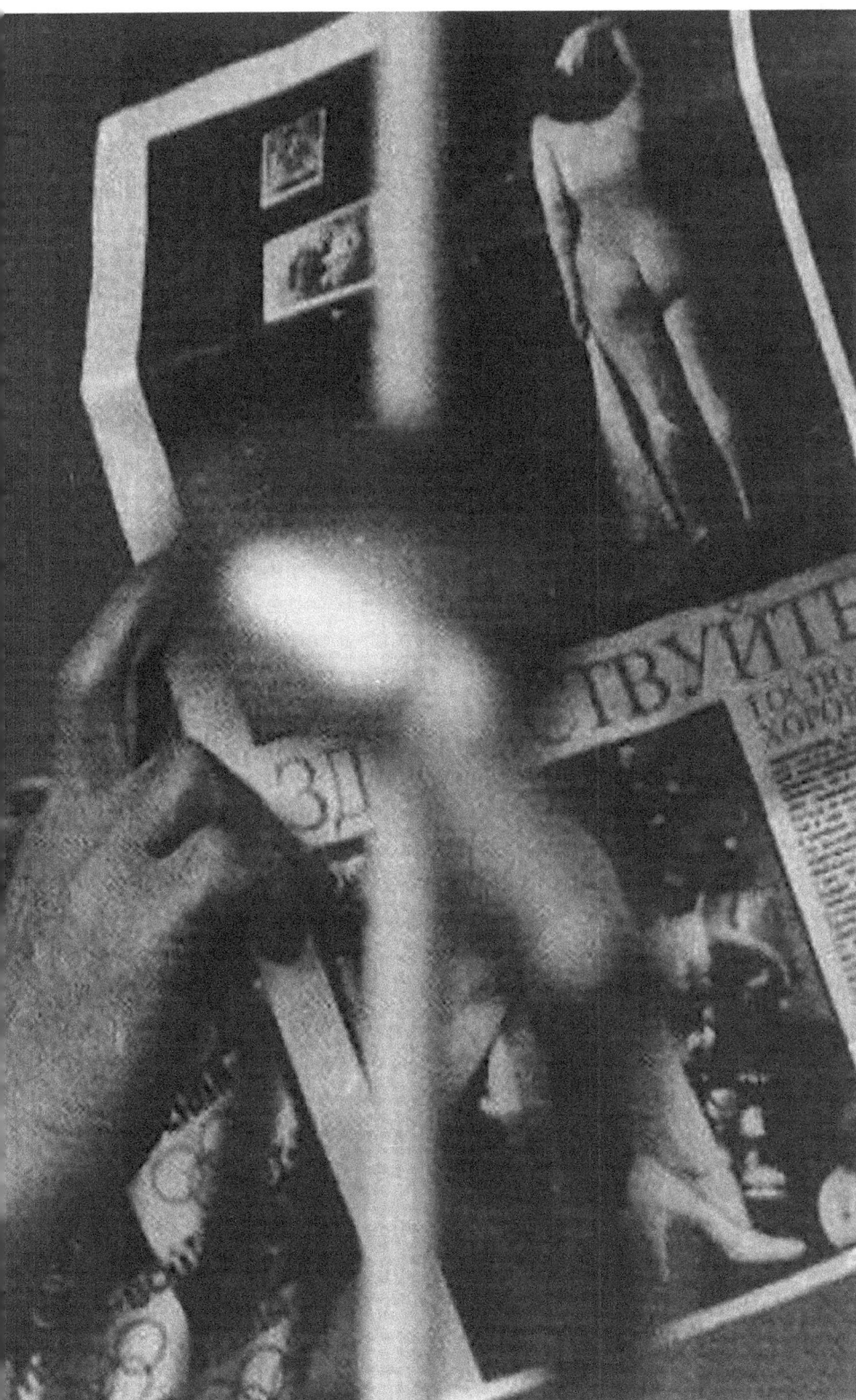

Cada uno de los 53 asesinatos se discutieron individualmente y, en varias ocasiones, los familiares de las víctimas lloraban o se desmayaban al escuchar esos detalles espeluznantes.

Al concluir los alegatos, el juez anunció a los periodistas presentes en la sala del tribunal su intención de llevar a cabo un juicio abierto, diciendo: «Permitamos que este juicio, al menos, nos enseñe algo para que esto nunca vuelva a suceder en ningún momento ni en ningún otro lugar».

En uno de los pocos intercambios de palabras que mantuvieron durante el medio año que duró el proceso, el magistrado le pidió a Chikatilo que se pusiera de pie, se identificara y proporcionara su fecha y lugar de nacimiento. Chikatilo cumplió, y después se dedicó a responder preguntas sobre los cargos que se le atribuían; a menudo de manera despectiva, en particular, cuando se le preguntaba sobre las heridas que infligía a sus víctimas y las artimañas que había usado para atraerlas a los lugares donde las ultimaba.

También, se indignaba cuando le acusaban de robar posesiones personales de las víctimas, o sus órganos extirpados. En una ocasión, cuando se le preguntó por su aparente indiferencia ante el estilo de vida y el género de sus víctimas, Chikatilo respondió: «No necesitaba buscarles. A cada paso que daba, estaban allí».

El juez Akubzhanov buscaba comprender las motivaciones reales de Chikatilo, y por eso pidió una y otra vez explicaciones simples de hechos aberrantes, a la espera de que el acusado explicara cómo podía acallar su conciencia a la hora de ejercer tamaña crueldad. «¿No se imaginaba el dolor que les causaba a sus víctimas cuando les mordía la lengua?», le preguntó en una ocasión.

O, también: «He visto cientos de cadáveres, pero nunca he visto ninguno así. Queremos entender su psicología. ¿Usted pensaba que podía convertir a cualquier persona en una víctima o qué? Por un minuto de placer, se cobró la vida de un niño.

¿No pensó en eso?». Pero ante la pregunta, Chikatilo solo atinó a murmurar: «No puedo explicarlo».

Cuando se propasaba en sus respuestas, el juez Akubzhanov reprendía al acusado, ordenándole «¡Cierre la boca!». O le espetaba «¡No está loco!», cuando sus respuestas se desviaban a temas como la represión que su familia había sufrido durante su infancia, la supuesta falsedad de los cargos, su impotencia sexual o sus problemas personales.

Al juez le resultó indiferente si Chikatilo se mostraba o no cooperativo durante todo el proceso y le interrogó de manera parcial; lo que llevó al abogado defensor del acusado, Marat Khabibulin, a protestar repetidamente contra la naturaleza acusatoria del proceso judicial.

Cuando Chikatilo decidía no cooperar durante un interrogatorio, comenzaba a gritar ante el estrado, denunciaba que el juicio era una farsa y pronunciaba discursos distorsionados, como queriendo resaltar su aparente locura. Como para apoyar esta actuación, en ocasiones cantaba himnos comunistas, actitudes que obligaban al juez a enviarle de vuelta a su celda mientras continuaba con el proceso judicial en su ausencia.

El 21 de abril, el abogado defensor, Khabibulin, solicitó que se le permitiera al Doctor Bukhanovsky testificar sobre el contenido del perfil psicológico que había escrito en 1985, y las consultas posteriores que había mantenido con Chikatilo tras su arresto, agregando que el psiquiatra podría ejercer influencia sobre el reo y, por ende, facilitar el procedimiento judicial.

Como la solicitud le fue denegada, ese mismo día Chikatilo se negó a responder preguntas del juez, del fiscal y del propio Khabibulin, y se mantuvo en silencio por las siguientes tres jornadas, aduciendo que su presunción de inocencia había sido violada irremediablemente por el juez. Lejos de ceder ante sus caprichos, Akubzhanov suspendió las actuaciones durante dos semanas.

Andréi Chikatilo en la celda de la prisión de Novocherkassk en espera de la ejecución. Con su comportamiento pretendía hacerse pasar por loco para eludir la condena.

Como para complicar las cosas, Chikatilo retiró seis de sus confesiones de asesinato y afirmó que había matado a otras cuatro víctimas que no fueron incluidas en la acusación. A su vez, su abogado defensor presentó una solicitud para que su cliente fuera sometido a una segunda evaluación psiquiátrica.

La moción fue desestimada por el juez por ser infundada. Khabibulin se levantó entonces de su asiento en la audiencia, dudando sobre la imparcialidad de la corte y objetando que el juez no era apto para continuar dirigiendo el caso, y acto seguido, Chikatilo apoyó esta impugnación recalcando que el magistrado realizaba numerosos comentarios imprudentes. Lo cierto es que el juez, a menudo, interrumpía al abogado defensor y dejaba entrever que la culpa de Chikatilo era una conclusión inevitable.

El fiscal, Nikolai Gerasimenko, también apoyó el reclamo de la defensa, afirmando que Akubzhanov había cometido numerosas violaciones procesales e insultado públicamente al acusado. El funcionario pidió un nuevo juez y aseguró que Chikatilo ya había sido juzgado por la prensa gracias a la decisión del magistrado de hacer que el juicio fuera público. Como respuesta, el magistrado redobló su determinación y dictaminó que el fiscal fuera reemplazado.

El 3 de julio, Akubzhanov le permitió testificar al psiquiatra Bukhanovsky durante tres horas sobre su análisis de Chikatilo, aunque solo en calidad de testigo. Cuatro expertos del Instituto Serbsky también declararon sobre los resultados del análisis de comportamiento que habían realizado sobre el acusado. Todos señalaron que su conducta en la sala del tribunal contrastaba con la que mostraba en su celda, y que consideraban sus trasgresiones como un intento calculado de obtener la absolución aduciendo locura.

Varios expertos, entre ellos Jack Levin, Doctor en Filosofía y profesor de Sociología y Criminología emérito en la Northeastern University de Boston, y uno de los autores más destacados en la materia, analizaron en detalle el caso de Chikatilo durante y después del juicio, de donde extrajeron interesantes conclusiones: «En los anales de la historia del crimen, Andréi Chikatilo es sin duda uno de los asesinos más sádicos jamás vistos», expresó. Y siguió: «El sexo era el vehículo, pero la necesidad básica era sentir poder sobre sus víctimas», opinó en referencia al verdadero móvil del «Carnicero de Rostov».

Así la causa de esos asesinatos aberrantes no había sido, según el experto, la impotencia sexual que padecía Chikatilo, sino la necesidad de redimir los innumerables episodios traumáticos de su infancia, de su adolescencia y, también, de su vida adulta, en los que fue víctima de burlas y abusos. Cada vez que Chikatilo levantaba el cuchillo para lastimar a su víctima, su autoestima pasaba en un instante de la insignificancia a un gran poder de influencia.

Levin no es el único con esta opinión, otros autores coinciden con esta teoría, entre ellos Teresa Pont, autora de *Profiling: el actor criminal*:

«Para los maníacos sexuales como Chikatilo, practicar actos de canibalismo o vampirismo sobre sus víctimas representa tener el poder absoluto sobre ellas. Son personas con grandes traumas desde la infancia hasta que un día, por un simple detonante como una discusión, cometen su primer crimen para vengarse, a su manera, de la sociedad. Cuando agreden a una persona sienten un placer inmenso porque se creen dioses al tener el poder de decidir sobre su vida o sobre su muerte, y eso los excita y los motiva para seguir matando. El hecho de comer trozos de sus cuerpos o beber su sangre es para aumentar la excitación sexual. Antes de asesinarlas, siente gran inquietud y tensión, pero después del crimen queda relajado y se tranquiliza».

Todos son conceptos que concuerdan con una de las confesiones que el asesino hizo en su declaración ante el fiscal general, confesión que humaniza en cierto modo a Chikatilo: «Lo que hice no fue por el placer sexual, sino porque me proporcionaba cierta paz mental y espiritual durante largos periodos».

Sentencia y ejecución

El 9 de agosto de 1992, la defensa presentó sus alegatos finales ante el juez. En su discurso final, que se extendió por alrededor de 90 minutos, Marat Khabibulin declaró que no tenía confianza en que sus argumentos fueran escuchados por encima de la «protesta general» que pedía represalias contra Chikatilo. Además, cuestionó abiertamente la fiabilidad de la prueba forense presentada en el juicio.

Pese al demostrado prejuicio del juez, el veredicto no se anunció hasta dos meses después. Así el tribunal volvió a reunirse el 14 de octubre y el magistrado comenzó con la lectura de la voluminosa sentencia de 330 páginas. En sus conclusiones, Akubzhanov enumeró el listado de víctimas, antes de criticar a la policía y al fiscal Issa Kostoyev por permitir que Chikatilo permaneciera activo durante 12 años. Además, calificó de «negligente» a Kostoyev por desdeñar la inclusión de Chikatilo en la lista de sospechosos de 1987 que había compilado la policía.

La lectura se extendió hasta el día siguiente, cuando Chikatilo fue declarado culpable de 52 de los 53 asesinatos y condenado a muerte por cada uno de estos delitos. Asimismo, recibió otra condena de 86 años por los cinco cargos de agresión sexual a sus alumnos cometidos durante la década de 1970.

Según el documento, entre 1978 y 1990, Chikatilo había asesinado a 21 muchachos de edades comprendidas entre los ocho y los 16 años; a 14 chicas, de entre nueve y 17 años, y a 17 mujeres adultas. Los crímenes fueron cometidos en tres repúblicas que

A la condena a muerte por los 52 asesinatos cometidos, se sumó la pena de 86 años por los cargos de agresión sexual a sus alumnos durante la década de 1970.

hasta poco tiempo atrás formaban parte de la Unión Soviética: Rusia, Ucrania y Uzbekistán.

«Sus compañeros de trabajo le consideraban un robot incapaz de tomar decisiones. En casa estaba dominado por su mujer e incluso sus hijos le trataban con desdén. Su mujer, con la que convivió durante un cuarto de siglo, jamás tuvo sospechas y la policía necesitó 12 años para detener al carnicero de Rostov. En todos esos años, no dejó ni una sola pista, si se exceptúa su esperma, que dejaba expresamente en el cuerpo de las víctimas», manifestó el juez en la sentencia, y agregó: «Teniendo en cuenta los crímenes monstruosos que cometió, este tribunal no puede sino condenar a este hombre a lo que se merece. Por lo tanto, lo sentencio a muerte».

Al oír estas últimas palabras, el público estalló en una estruendosa ovación. Chikatilo pateó el banquillo en el que estaba sentado contra una de las paredes de su jaula cuando escuchó el veredicto y comenzó a gritar.

Se le ofreció una oportunidad final para pronunciar un discurso en respuesta al veredicto, pero permaneció en silencio. Finalmente, realizó un alegato de casi dos horas en el que se retrató a sí mismo como un hombre perseguido, «una víctima de la Unión Soviética», con una dura infancia a cuestas, despreciado a raíz de su impotencia y con problemas en el trabajo y el hogar a raíz de sus interminables viajes de negocios.

Después de la lectura de la sentencia, Chikatilo fue llevado de la sala del tribunal a su celda en la prisión de Novocherkassk para esperar la ejecución.

Su abogado presentó un recurso ante el Tribunal Supremo de Rusia, alegando que su defendido tenía perturbadas sus facultades mentales, pero el mismo fue rechazado en el verano boreal de 1993.

Tras el rechazo de la apelación, Marat Khabibulin presentó un recurso de apelación final de clemencia ante el presidente de la Federación Rusa, Boris Yeltsin, quien también lo rechazó el 4 de enero de 1994.

El 14 de febrero de 1994, Chikatilo fue trasladado sin aviso de su celda del corredor de la muerte a una habitación aislada en la prisión de Novocherkassk. Allí, se dio cuenta de que había un desagote en el piso que tenía unas manchas de sangre. En el instante en que su mente procesaba la información, el miliciano que le acompañaba apoyó una pistola automática detrás de la oreja derecha y le ultimó de un solo disparo.

El cuerpo del «Carnicero de Rostov» fue enterrado en una tumba sin nombre en el cementerio de la prisión.

Pero su historia no cayó en el olvido. El caso de Chikatilo no pasó desapercibido en Occidente, donde se estrenaron, además de varios documentales, tres películas de cine sobre su vida. La primera de ellas, *Citizen X*, fue emitida por la cadena HBO en 1995 y estaba basada en el libro *The Killer Department*, de Robert Cullen. En 2004 llegó a los cines *Evilenko*, del italiano David Grieco, protagonizada por Malcom McDowell, sobre su novela *El Comunista que comía niños*. Aunque, quizá, la obra más conocida sea *El Niño 44* («Child 44») de Daniel Espinosa, basada en la novela homónima de Tom Rob Smith y protagonizada por Tom Hardy y Gary Oldman.

Capítulo 6

¿CÓMO HABÍA LLEGADO HASTA ALLÍ CHIKATILO?

Los detectives que habían capturado a Chikatilo se preguntaban cómo era posible que alguien pudiera haber cometido semejantes crímenes.

53 víctimas confirmadas (56, teniendo en cuenta que el propio asesino se hizo cargo y reconoció haber cometido tres asesinatos más no descubiertos por la policía) era un número que ubicaba a Chikatilo en el primer lugar de la galería de asesinos en serie en el mundo.

Esto dejó muy mal parada a la policía (y al fiscal a cargo). A fin de cuentas, a pesar del cerco de silencio y la manipulación que impuso el régimen comunista sobre ella, en esa época era una de las fuerzas más grandes del mundo, cuyos miembros, sin embargo, no pudieron —o no supieron— encontrar al asesino durante más de una década.

Pero, aun así, más allá de la ineficacia del poder policial, de la justicia y del régimen político, quedan interrogantes humanos: ¿cómo pudo haber cometido esas atrocidades y haber encontrado placer al hacerlo? ¿Cómo vivía su impotencia? ¿Qué clase de oscuro vínculo inconsciente se produjo entre su deseo de poder y su impotencia sexual y personal, tal como salió a relucir en el juicio?

¿Fue su disfunción sexual solo el símbolo, la imagen fláccida de esa tenebrosa relación entre poder y sexo? ¿Asesinó por placer? ¿O mató por poder, por rabia, por venganza? Y, en este caso: ¿de quiénes y de qué quiso vengarse? Todo esto nos llevará a plantearnos cómo fue su vida, tanto de niño como de adulto.

Muerte, terror y humillación

Para comprender qué es lo que llevó a este hombre a convertirse en uno de los homicidas más infames de la historia, se debe entender el entorno en el que nació y creció.

En la década de 1930, Ucrania era conocida como «el granero de la Unión Soviética». Pese a eso, esa unión de naciones fue a menudo objeto de hambrunas, especialmente, en Ucrania, donde Stalin se ensañó con la agricultura privada y envió a infinidad de ciudadanos al *gulag* siberiano o a «granjas colectivas».

Algunos historiadores estiman que unos seis millones de personas murieron de hambre a causa de esas políticas, situación que obligó a muchos ucranianos a practicar el canibalismo para sobrevivir. En ocasiones, la gente iba a los cementerios donde se apilaban los cadáveres para rapiñarlos, pero, en otros casos, asesinaban a sus semejantes. De hecho, algunos investigadores sostienen que la carne humana era comprada y vendida en el mercado negro.

¿Cómo se llegó a semejante situación? Todo comenzó en 1922, tras la guerra entre Polonia y Ucrania. Mediante el acuerdo de Paz de Riga, una zona de Ucrania comenzó a formar parte de la Unión de Repúblicas Socialistas Soviéticas (URSS), en tanto que la región occidental del territorio quedó bajo la esfera polaca.

Pero, hacia noviembre de 1927, se produjo la denominada «crisis de las cosechas» en Ucrania, hecho que se convirtió en el pretexto perfecto que buscaba el premier soviético Iósiff Stalin para intervenir directamente el país y, algo todavía más grave, para poner en marcha un genocidio silencioso cuyo objetivo fue la «limpieza étnica». La «crisis de las cosechas» se caracterizó por una caída espectacular de las entregas de productos agrícolas a los organismos del Estado soviético. El evento adquirió proporciones catastróficas en diciembre.

Para 1928, el estado soviético recibió nada más que 4,8 millones de toneladas de alimentos, dos millones menos que el año anterior y esto, sumado a una baja de precios ordenada por el Gobierno, más el encarecimiento y la merma de la calidad de los productos manufacturados, produjo un descontento general entre los campesinos.

Ante esta situación, los soviéticos estalinistas, no solo realizaron una limpieza de soldados ucranianos en el Ejército Rojo, lo que supuso asesinar a más del 70% de los oficiales, sino que emprendieron, además, una guerra de requisas contra los especuladores, entre ellos los *kulaks*, terratenientes y propietarios ricos zaristas que contrataban trabajadores para sus campos, y a otros «desorganizadores del mercado».

Para 1929, Stalin anunció una nueva fase: la «colectivización en masa», con el objeto de consolidar la tierra en dominio popular y la mano de obra en granjas de explotación colectiva (*koljós*), y en granjas de explotación estatal (*sovjós*). Si bien en un comienzo se planeó colectivizar cinco millones de hogares, con el correr de los meses, el objetivo se hizo extensivo a 13 millones de familias, con la consiguiente presión que debió soportar el campesinado.

Con esta medida, Stalin también dio la orden de dar fin a los *kulaks* como clase social, dividiéndolos en tres categorías: los contrarrevolucionarios y sus colaboradores, deportados o ejecutados según correspondiera, y aquellos que eran despojados de sus propiedades y enviados a trabajar en colonias.

Para cumplir con la «*deskulakización*», Stalin contaba con oficiales que se guiaban por la premisa de «comamos y bebamos, todo es nuestro»; y de esta forma sus brigadas les quitaban a los campesinos su ropa de invierno y calzado, así como el té, e incluso las almohadas. Sin embargo, el principal objetivo de las brigadas era la confiscación de los granos en todo el territorio, lo que condenó a los campesinos a una carencia alimentaria y una crisis rural sin precedentes.

Como respuesta, la comunidad campesina no tardó en unirse frente a esta medida y por esta razón, solo en enero de 1930, se produjeron 402 revueltas y manifestaciones contra la colectivización y la *deskulakización*; en febrero, 1.048, y en marzo, 6.528.

Ucrania se estaba muriendo, pero el gobierno no. En 1930, el Estado soviético cosechó el 30% de su producción agrícola en Ucrania; en 1931, el 41% y, en 1932, el 50%. Hacia 1932, los ciudadanos ucranianos comenzaron a morir de hambre, al tiempo que se empezaron a ver niños con el vientre hinchado por la falta de alimento.

Ese año, la situación se agravó aún más con la «Ley de las Espigas», decretada en 1932, que imponía una condena de diez años en campos de concentración o la pena de muerte a aquellos que cometieran «cualquier robo o dilapidación de la propiedad socialista», que incluía la comida. Esta ley tuvo como consecuencia el arresto de 125.000 personas, de las cuales, 5500 recibieron la condena a la pena capital en tan solo un año.

Paradójicamente, la necesidad de divisas internacionales de la URSS obligó a las autoridades a vender la cosecha de trigo ucraniana de 1933 en el mercado mundial a precios por debajo de la media para agotarla. Se calcula que la cosecha de 1933 podría haber alimentado durante dos años a la población.

Sin embargo, eso no es todo. Para cumplimentar las cosechas, las jornadas laborales ucranianas se intensificaron, al punto de que los niños también eran obligados a labrar la tierra. En ese ámbito, los campesinos cometieron todo tipo de atrocidades con el fin de no morir de hambre, llegando incluso a canibalizar los cuerpos de sus hijos muertos por el esfuerzo. A fin de evitar esta barbarie, los soldados del ejército soviético retiraban los cadáveres de los pequeños que fallecían y los enterraban en fosas comunes.

Como los asaltos a los almacenes de alimentos se hacían cada vez más frecuentes y no cesaban, pese a la violenta represión que ejercían los soviéticos, Stalin decidió dejar de lado su política de exterminio por la fuerza y emprender una nueva estrategia: dejarlos morir de hambre.

El último recurso del campesinado fue entonces huir, marchar a las ciudades con el fin de encontrar allí sustento. Pero los soviéticos lo habían previsto todo; por eso, cuando comenzaron a llegar los primeros campesinos a las urbes, el 22 de enero de 1933, el Partido Comunista instauró la negación de acceso a las urbes.

Bajo la mirada del fotógrado Alexander Wienerberger en 1933, un niño víctima de la hambruna, como tantos otros de Ucrania. Un hecho conocido como «Holodomor», genocidio u holocausto ucraniano, que provocó la muerte de unas seis millones de personas.

Se suspendió la venta de pasajes de tren en todas las regiones afectadas por el hambre y se instauraron cordones policiales para impedir que los campesinos abandonaran sus distritos.

Un informe emitido por la policía a inicios de marzo de 1933 indicaba que, en el lapso de un mes, se había interceptado a nada menos que 209.000 personas.

Esa disposición final de Stalin condenó a millones de agricultores y ganaderos a morir de hambre en los caminos, lo que luego se conoció como el *Holodomor*. No existen cifras oficiales sobre este genocidio; pero las investigaciones más recientes sobre el número de víctimas de inanición, represión, abandono, frío, epidemias como el tifus o trabajos extenuantes pudo haber llegado a 6 millones de personas. Para ocultar esta realidad, los soldados soviéticos fueron instruidos para sepultar a los miles de cadáveres que llegaban en trenes, en gigantescas fosas comunes.

Trascendió también que estas víctimas no solo sufrían la hambruna forzada de los soviéticos, sino que también padecieron todo tipo de torturas, desde aislarles para que murieran de frío, hasta prenderles fuego vivos, aunque la más atroz consistía en arrojarles a una plancha metálica al rojo vivo.

Para evitarles un futuro funesto, los campesinos abandonaban a sus hijos cerca de la frontera, con el fin de que fueran recibidos en centros de acogida. En vista de esto, los soviéticos desmantelaron esas instituciones y transportaban a los niños de vuelta al campo en trenes, abandonándoles a su suerte en medio de la nada.

¿Hubo voces que se alzaron? Sí, en Occidente. Ante las denuncias recibidas en el exterior de la URSS, los defensores de Stalin señalaban que esos «rumores» no eran más que una creación ficticia de las SS alemanas, que vendían esa información al magnate William Randolph Hearst, propietario de varios periódicos norteamericanos de gran tirada.

En ese marco tan terrible, los niños veían en las calles cuerpos mutilados y oían historias de todo tipo. El propio Chikatilo, que nació y creció en este ambiente, contaba que su madre, en el afán de mantenerle al alcance de su vista, le narraba la terrible desaparición y asesinato de su hermano Stepan. En alguno de los interrogatorios que le realizaron en prisión, Chikatilo aseguró que «mucha gente se volvió loca y atacó a otras personas para comerlas. Así atraparon a mi hermano, que tenía cuatro años, y se lo comieron», dijo.

Los investigadores suponen que Stepan —si es que existió, ya que este dato no pudo ser verificado en los archivos—, podría haber muerto de inanición y luego haber sido comido; pero algunos también creían que la madre utilizó esta historia para advertirle a Andréi que se quedara en el patio de su casa; algo siniestro pero efectivo.

En el documental de la cadena HBO *Asesinos en serie: Andréi Románovich Chikatilo (Serial Killer Documentaries: Andrei Romanovich Chikatilo, 1995)*, y en el libro *Cannibal Killers (Asesinos Caníbales)* de Moira Martingale, se describe el ambiente en el que creció Chikatilo en una sola y sencilla palabra: «escalofriante». Este concepto puede ayudar al lector o espectador a entender qué fue lo que le convirtió en una bestia sedienta de sangre. De hecho, Martingale ve una conexión directa entre la época en la que creció el maniático y sus fantasías sexuales. Para la autora, Chikatilo fue una especie de hombre lobo que se transformaba en un depredador salvaje cuando un resorte interno lo activaba.

Algunos especialistas en comportamiento se aventuraron a afirmar que el ambiente en el que creció y la historia de su supuesto hermano (un primo, según otras versiones) podrían haber estado relacionados con su ritual de cortar o arrancar partes del cuerpo de sus víctimas y consumirlas. La historia de canibalismo que su madre le contó cuando era niño dejó un impacto en su conciencia mental y despertó en él una curiosidad y una conjetura, que finalmente se tradujo en sus asesinatos.

De acuerdo con todo lo que se averiguó sobre Chikatilo a través de los interrogatorios, o bien bajo una exhaustiva investigación por parte de las autoridades, se pudo determinar que, en el momento de su nacimiento, los efectos de la hambruna aún se sentían severamente, y que su infancia estuvo influenciada por privaciones, algo que empeoró todavía más cuando la URSS fue invadida por tropas de la Alemania nazi.

Además de las dificultades externas, como los frecuentes bombardeos alemanes sobre Ucrania durante la Segunda Guerra Mundial, se supo que Chikatilo sufrió de hidrocefalia (agua en el cerebro) al nacer, lo que le causó problemas en el tracto genital-urinario, deficiencia que generó que se orinara en la cama hasta su adolescencia tardía y, más tarde, en la incapacidad para mantener una erección, aunque podía eyacular.

Según el testimonio del asesino, los padres de Chikatilo fueron enrolados como granjeros por el Estado soviético, lo que les permitió labrar un terreno que tenían detrás de la cabaña de un ambiente en la que vivían. No tenían paga, solo el derecho a trabajar para obtener una cosecha de la que únicamente iban a recibir una ínfima parte, insuficiente a todas luces para subsistir. Esto llevaba a la familia a consumir hierbas, hojas y sobras para poder alimentarse. El asesino confesó ante la policía que recién probó el pan a los 12 años.

Otra circunstancia que marcó su infancia ocurrió cuando su padre fue reclutado en 1941 como soldado durante la Segunda Guerra Mundial y enviado a luchar contra los alemanes, que le tomaron prisionero. Para cuando regresó a su hogar, enfermo de tuberculosis, en lugar de ser recibido como un héroe, sus compatriotas le denigraron merced a la política estalinista, por la cual todos los soldados soviéticos debían «matar o morir», pero nunca ser capturados.

De esta manera, entre 1941 y 1944, Andréi y su madre debieron arreglárselas por su cuenta, siendo ambos testigos de los efectos de la ocupación nazi de Ucrania, que él describió en los interrogatorios como «horrores». Junto a su madre, se escondieron en sótanos y zanjas, e incluso en una ocasión vieron cómo los nazis incendiaron su cabaña hasta que quedó convertida en cenizas. Como si todo eso fuera poco, ambos se vieron obligados a compartir la única cama individual que había, que él a menudo mojaba por su incontinencia nocturna. Esto le hacía objeto de reprimendas y golpes por parte de su madre, que se enfurecía por esta situación.

Otro de los misterios que rodean la vida de este asesino, fue el nacimiento de su hermana Tatyana, ocurrido en 1943. Como el padre de Chikatilo había sido herido y capturado en 1941, es claro que la mujer no pudo haber concebido a esta niña con él. La explicación que encontraron los investigadores es que la mujer incurrió en adulterio o, como sucedió con muchas ucranianas durante la guerra, pudo haber sido violada por un soldado alemán, algo que tal vez ocurrió en la pequeña cabaña y frente a los ojos del niño.

Finalmente, hacia 1944 su padre regresó al hogar y él pudo comenzar sus estudios. Sin embargo, a pesar de sus deseos y de su inteligencia, Andréi era físicamente débil, tímido, y tremendamente miope, aunque nadie tomaba conciencia de ello, dado que las gafas eran un artículo desconocido y de lujo.

El niño Chikatilo asistía a clases con el estómago hinchado, resultado de la hambruna de posguerra que se extendió por toda la Unión Soviética. Este estado provocaba que en numerosas ocasiones el joven se desmayara tanto en su casa como en la escuela.

A causa de ello, el joven Chikatilo era constante objeto de burlas y de lo que hoy llamamos *bullying* en la escuela por parte de jóvenes matones, que no solo le espetaban su estatura y su timidez, sino también la supuesta «cobardía» de su padre.

Pese a esto, Tatyana Chikatilo, su hermana, recordó durante las investigaciones que, pese a las dificultades sufridas, su padre fue un hombre amable, mientras que su madre era dura e implacable cuando eran niños.

Por su parte, el joven Chikatilo desarrolló una habilidad increíble para leer y memorizar datos; algo que hacía a menudo en su casa con el objeto de compensar su miopía, que le impedía leer el pizarrón del aula. De esta manera, Chikatilo era a los ojos de sus maestros un excelente estudiante y recibía constantes elogios de parte de ellos.

En su adolescencia, fue tanto un estudiante modelo como un ardiente comunista, ávido de literatura partidaria. Es así como fue nombrado editor del periódico de su escuela a los 14 años y presidente del comité del Partido Comunista de los alumnos dos años después. En esta faceta, el partido le delegó la tarea de organizar marchas callejeras y eventos mientras concluía sus estudios. De hecho, en 1954 se convirtió en el único estudiante de su granja colectiva que completó su curso y se graduó.

Ya por esa época, el joven Chikatilo descubrió que sufría de impotencia crónica, algo que le hacía sentir socialmente incómodo y que despertaba en él un odio irracional hacia sí mismo. Debido a esto, no se animaba a interactuar con el sexo opuesto. Su primera relación conocida fue a los 17 años, con una joven llamada Lilya Barysheva, a la que conocía a través del periódico de su escuela, pero, debido a su disfunción, nunca se atrevió a concretar una cita.

También por esa época tuvo su primera experiencia sexual de manera fortuita, cuando eyaculó mientras trataba de someter a una niña, amiga de su hermana, durante una rencilla. Los especialistas que analizaron el caso indicaron que una de las principales asociaciones que Chikatilo pudo haber establecido cuando era niño fue la conexión entre la violencia física y el dominio de una persona, que resulta en que el dominador experimente placer o excitación sexual. Esta asociación probablemente se habría concretado durante esta primera experiencia sexual.

En 1935, Ewald Ammende publicó Muss Russland Hungern?, un libro que refleja la hambruna en Ucrania, entonces parte de la Unión Soviética, conocida como «Holodomor». La publicación incluye las fotografías del pueblo ucraniano durante los años 1932 y 1933, que pertenecen a Alexander Wienerberger, ingeniero químico austríaco que trabajó 19 años en la URSS.

Después de este incidente aislado, trataría de revivir este momento en que sintió placer sexual. Esta asociación podría explicar, a grandes rasgos, la mayoría de sus asesinatos y el motivo oculto detrás de ellos. De acuerdo con los expertos en comportamiento criminal, el sentimiento de la víctima luchando y sufriendo le provoca al psicópata más anhelo de sufrimiento y alimenta el deseo de que más víctimas caigan en su trampa, lo que deviene en experiencias aún más placenteras.

El hecho de no poder experimentar una erección dejó una impronta en su salud mental. Se sintió frustrado cuando se dio cuenta de que tenía disfunción eréctil. De la mayoría de sus asesinatos, se puede concluir en que buscó el placer de la dominación a través del ejercicio de la violencia sobre sus víctimas antes de ultimarlas. También, es cierto que su madre le golpeaba a una edad muy temprana, pero eso no pudo haber sido causa suficiente como para llevarle a cometer crímenes tan aberrantes.

Creación de una fachada

Después de su graduación, Chikatilo aplicó para una beca en la Universidad Estatal de Moscú y, aunque aprobó el examen de ingreso con puntajes de buenos a excelentes, sus calificaciones no le permitieron alcanzar la admisión. Durante años, especuló que su solicitud de beca fue rechazada debido al historial de guerra de su padre, pero la realidad era que los otros estudiantes habían tenido un mejor desempeño en una instancia altamente competitiva.

Decepcionado, viajó en 1955 a la ciudad de Kursk, ubicada cerca de la actual frontera entre Rusia y Ucrania, donde consiguió trabajo como obrero en una fábrica al tiempo que se inscribía en una escuela para estudiar la carrera de Técnico de Comunicaciones. En esa ciudad, logró formar pareja con una joven local, dos años menor que él. En sucesivas entrevistas, Chikatilo explicó que durante los dieciocho meses que duró la pareja, ambos intentaron mantener relaciones sexuales por lo menos tres veces, pero su disfunción no se lo permitió, lo que llevó a la disolución del vínculo.

Convertido en un técnico de comunicaciones, Chikatilo se mudó a la ciudad de Nizhny Tagil, ubicada cerca de los montes Urales, para trabajar en un proyecto de construcción a largo plazo. Preocupado por su futuro, se las arregló para realizar cursos por correspondencia de Ingeniería en el Instituto Electrotécnico de Comunicación de Moscú. De esta manera, permaneció en Nizhny Tagil por el término de dos años, hasta que fue reclutado por el ejército soviético en 1957.

Chikatilo realizó su servicio militar obligatorio entre 1957 y 1960. Su primera asignación fue como guardia fronterizo en Asia Central, y de allí pasó a una unidad de comunicaciones de la KGB en la ciudad de Berlín. Con un trabajo calificado como «intachable» por sus superiores, el joven se unió formalmente al Partido Comunista en 1960, poco antes de concluir su servicio militar.

Tras varios años lejos de su tierra natal, Chikatilo regresó a Yábluchne a vivir con sus padres; y allí entabló relación con una joven divorciada. Sin embargo, su disfunción sexual volvió a jugarle una mala pasada y el noviazgo terminó a los tres meses, después de varios intentos fallidos de tener sexo.

Todo se complicó, además, cuando ella, sin mala intención, les pidió consejo a sus amigos sobre cómo tratar la impotencia que aquejaba a Chikatilo, situación por la cual la mayoría de sus conocidos descubrieron su problema íntimo. En una entrevista que concedió en 1993 recordó este incidente. «Las chicas pasaban a mis espaldas susurrando que era impotente. Estaba muy avergonzado. Traté de ahorcarme y mi madre y mis vecinos me sacaron de la soga. Pensé que nadie querría a un hombre tan vergonzante así que tuve que huir de allí, lejos de mi tierra natal», declaró.

Tras el incidente, Chikatilo decidió mudarse en 1961 a la República Socialista Federativa Soviética de Rusia, como se conocía en ese entonces a ese país. Allí se asentó en la ciudad de Rostov del Don, donde alquiló un pequeño apartamento cerca del edificio en el que se desempeñaba como ingeniero en comunicaciones.

Ese mismo año, su hermana Tatyana terminó sus estudios y se mudó a su apartamento; y poco después se les unieron sus padres, aunque en otra vivienda. Tatyana vivió con su hermano durante seis meses hasta que conoció a un joven, con el que se casó y se mudó a la casa de sus suegros. En entrevistas posteriores, ella no recordó ningún aspecto extraño vinculado al estilo de vida de su hermano, más allá de la timidez con la que solía comportarse con las mujeres. Fue en esta etapa que se propuso ayudarle a conseguir pareja para que formara una familia.

Cuando Andréi contaba con 28 años, su hermana le presentó a una mujer llamada Feodosia Odnacheva, de 23, con quien este comenzó una breve relación, que culminaría en matrimonio. Según explicó Chikatilo en prisión, aunque se sintió atraído por la mujer, su hermana y el esposo arreglaron el matrimonio, que ocurrió apenas dos semanas después de haberse conocido.

Un aspecto para resaltar de esta época es que recién a los 30 años aceptó su miopía y, tras una consulta con un oftalmólogo, comenzó a utilizar gafas por primera vez en su vida. Se cree que en su infancia no tenía dinero para comprarlas, pero no se explica por qué en su adolescencia no le pidió al Estado que le proporcionara unas, o bien, por qué no las adquirió al conseguir su primer trabajo.

Asimismo, Chikatilo relató que poco después de la boda, Feodosia comprendió las complicaciones íntimas que sufría, por lo que la vida sexual conyugal era casi inexistente. Sin embargo, lejos de resignarse, ambos acordaron que él buscaría eyacular fuera de la vagina de ella mediante masturbación. Ella, a su vez, empujaba el semen hacía el interior de su órgano con sus dedos. De esta manera, en 1965, Feodosia dio a luz a su primera hija, Lyudmila y en 1969, a un niño al que llamaron Yuri.

Con el tiempo, y debido a sus inquietudes intelectuales, Chikatilo comenzó a cursar la carrera de Literatura Rusa en la Universidad de Rostov y la completó después de cinco años.

Por esa época, Chikatilo se dio cuenta de que su esposa era tan crítica con él como lo era su madre en su infancia, motivo que le llevó a retraerse aún más en su mundo de fantasía. Su madre murió en 1973 cuando él tenía 37 años, y no pasó mucho tiempo antes de que descubriera que se sentía atraído por las niñas de corta edad. Lo que nadie intuyó, ni siquiera él mismo, era que iba a tener la oportunidad de llevar a cabo escalofriantes crímenes contra varias pequeñas, al igual que con niños y mujeres.

Es que, poco tiempo después, gracias al título obtenido en la universidad, comenzó a trabajar como profesor de Literatura en un internado. Sin embargo, pese a que dejó la vida militar por un ambiente más tranquilo, el regreso a las aulas le retrotrajo a los días en los que era vilipendiado por sus compañeros. Algunos alumnos se aprovecharon de su carácter débil y le ridiculizaban en público, haciéndole ver que el joven flacucho y acomplejado de antaño todavía vivía dentro de él. Apodos como el «ganso» (por su andar encorvado) o «el afeminado» eran comunes en los pasillos y en las aulas, en los que el profesor Chikatilo no lograba imponer su carácter.

Al saberse impotente para controlar a sus alumnos, reaccionó agrediendo sexualmente a dos de ellos. Curiosamente, las autoridades no le castigaron, pese a que el caso fue divulgado entre toda la comunidad educativa. Es más, se le permitió, incluso, seguir realizando sus tareas en la escuela, una de las cuales incluía vigilar los dormitorios de las niñas, donde se le encontró en varias ocasiones masturbándose mientras las espiaba cuando se cambiaban de ropa.

La protección que le daban en esas instituciones le hizo sentirse poderoso por primera vez en su vida, ya que, pese a que se informaron estos nuevos incidentes, los padres de los jóvenes se encontraron con el encubrimiento y la negación por parte de las autoridades de la escuela a favor del depravado, que era un destacado miembro del Partido Comunista y un ciudadano modelo. Fue esta impunidad la que, a la larga, le permitió convertirse en un asesino.

Finalmente, sin embargo, las autoridades del establecimiento se vieron obligadas a despedir a Chikatilo, dado que no había manera de ocultar la gran cantidad de quejas y denuncias de abuso, pero el profesor se fue de allí con su aura de inmunidad intacta y sin ninguna denuncia ante las autoridades.

No obstante, algo estaba cambiando en el interior de Chikatilo. Ya no se sentía contento con esa vida, siendo ridiculizado y callando en silencio. Ahora quería su propia venganza y esa razón le transformó en una bestia sedienta de sangre. «Era como un lobo enloquecido. Me convertía en una bestia, en un animal salvaje», diría él mismo varios años después.

El placer de la sangre

Tras su alejamiento de la docencia, Chikatilo consiguió trabajo en la fábrica de suministros que le permitía viajar por diferentes ciudades de la Unión Soviética. En esta nueva faceta, encontró la coartada perfecta para alejarse de su hogar durante días sin cuestionamientos.

De esta manera, en septiembre de 1978, asesinó a la primera víctima tras mudarse a la ciudad minera de Shakthy. Allí, a espaldas de su familia, adquirió una casa para desarrollar una vida en paralelo y dar rienda suelta a sus fantasías. Chikatilo estaba fascinado con su nueva ocupación de vendedor de sumistros: subía y bajaba a los trenes a su gusto, sin jefes que le atosigaran. Pasaba horas en las estaciones, donde conocía a toda clase de personas, desde la peor escoria de la sociedad hasta a los más inocentes niños de la Unión Soviética.

El 22 de diciembre de ese mismo año, Chikatilo atrajo a su escondite a la niña Yelena Zakotnova, que paseaba alegre por la estación de buses de Shakhty. La había conocido dos meses antes y ella le apreciaba porque le convidaba goma de mascar, un recurso con el que se ganó su confianza, algo que ella les había contado a sus amigas, quienes le pedían que les consiguiera golosinas también para ellas.

Ese 22 de diciembre, Yelena fue a buscar a Chikatilo para pedirle dulces para sus amigas y este le dijo que ya no tenía más encima, lo que no era más que una vil excusa para llevarla a su segunda casa. Una mujer, que más tarde se convirtió en testigo, la vio marcharse de la estación de tranvías de Trampark, hacia el sur, sin saber el destino que le aguardaba.

Una vez en el interior de la vivienda, Chikatilo intentó violar a la pequeña arrancándole la ropa de un tirón, pero ni siquiera con ese acto violento logró una erección. Sin embargo, durante el forcejeo, la niña se lastimó un brazo y la sola vista de la sangre bastó para que la libido de Chikatilo le provocara una erección inmediata, similar a lo que había experimentado con aquella amiga de su hermana durante su adolescencia.

Como la niña comenzó a resistirse, la estranguló y la apuñaló tres veces en el abdomen, logrando así una eyaculación como nunca había tenido en sus 42 años de vida. En una entrevista que brindó después de su arresto, Chikatilo recordó que, inmediatamente después de apuñalar a Zakotnova, la niña «había dicho algo muy roncamente», por lo que la estranguló hasta dejarla inconsciente. Tras este aberrante acto, arrojó su pequeño cuerpo al río Grushevka, que surcaba las inmediaciones de la vivienda.

El cadáver fue encontrado dos días después. El resto es historia conocida: la policía dio rápidamente con Chikatilo a raíz de una serie de pistas que este dejó en su descuido y por la descripción de la mujer que le vio marcharse con la niña. Finalmente, y gracias a la coartada que le proporcionó su esposa, la policía incriminó a Alexandr Kravchenko, al que terminaron ejecutando el 23 de marzo de 1983 por un asesinato que no cometió.

De esta manera, Chikatilo pudo escapar de las sospechas y tomó conciencia de que debía actuar de otra manera para pasar desapercibido, con lo cual descartó la casa que había comprado como guarida, y comenzó a acechar a sus presas en lugares públicos, frente a la vista de todos.

De todas maneras, el criminal esperó nada menos que tres años para cometer su siguiente crimen. Los especialistas creen que los psicópatas sexuales y asesinos en serie cometen su primer ataque entre los 20 y los 30 años, pero Chikatilo resistió la sed de sangre nada menos que 42 años. Sin embargo, la abstinencia fue demasiado para él ese 3 de septiembre de 1981, cuando conoció en la biblioteca de Rostov a la joven Larisa Tkachenko, de 17 años.

Chikatilo la abordó en los pasillos del edificio y le hizo alguna clase de propuesta que la convenció de acompañarle a la calle, según lo que contaron los testigos a la milicia. Ambos se dirigieron a un bosque cercano al río Don, donde ella se mostró predispuesta a mantener relaciones sexuales con él. Años después, en la reconstrucción de los hechos, Chikatilo contaría que se colocó sobre la joven para dar inicio al coito, pero en vista de que la joven se reía de su impotencia, la golpeó salvajemente en la cara y la estranguló hasta la muerte. Ya fallecida, le arrancó un pezón con los dientes y luego, en ese momento de furia, utilizó una rama para colocar su semen en la vagina de la víctima.

Según relató el propio asesino, gracias a sus frecuentes viajes, se le hizo fácil encontrar a niños, niñas y mujeres vulnerables, a quienes luego dominaba y asesinaba. No tenía que buscar a sus víctimas, porque siempre estaban allí más que dispuestas a seguirle, ya sea porque les prometía golosinas, comida o dinero, o porque simplemente se sentían atraídas por él, en el caso de las mujeres.

El siguiente asalto del asesino se produjo el 12 de junio de 1982, diez meses después. Ese día, Chikatilo conoció a Lyubov Biryuk, de 13 años, en la carretera al pueblo de Donskoie.

«Me di cuenta de que una niña de 12 o 13 años venía detrás de mí, llevando una especie de bolso en la mano. Reduje la velocidad y dejé que me alcanzara. Caminamos juntos, bordeando el bosque. Empecé a hablar con ella sobre lo que pensaba que podría interesarle. Recuerdo que dijo que regresaba a su casa desde la tienda... La arrojé fuera del camino, la tomé por la cintura y la arrastré al bosque. Allí la empujé al suelo, le arranqué la ropa y me acosté sobre ella. Casi al mismo tiempo, la estaba apuñalando, como si estuviera teniendo sexo con ella», relató el asesino a sus captores. La policía encontró el cuerpo de Lyubov en una zona arbolada, a unos 800 metros de la carretera. Tenía más de 40 heridas de cuchillo en su cuerpo.

Tan solo un mes después, el 25 de julio, un viaje de negocios llevó a Chikatilo a la ciudad de Krasnodar, en el suroeste de la actual Federación Rusa. Mientras esperaba su avión, en el aeropuerto de dicha ciudad, el protagonista de esta historia pudo ver que en uno de los asientos esperaba la joven Lyubov Volobuyeva, de 14 años, aparentemente sin compañía de sus progenitores. Al acercarse a ella, logró trabar amistad y pudo enterarse que, efectivamente, esperaba sola un vuelo de trasbordo para dirigirse a la ciudad Novokuznetsk, ubicada en el sudoeste de Siberia, en la región de Mémerovo, donde la esperaban sus familiares, que nunca pudieron volver a verla con vida.

El asesino la atrajo hacia un campo de sorgo cercano al aeropuerto, donde la asesinó impiadosamente. El cuerpo fue encontrado recién el 7 de agosto por la policía.

El instinto criminal de Chikatilo se había despertado y por eso no tardó en encontrar a su siguiente víctima, que marcó un antecedente, sobre todo, en su proceder hasta entonces. El 13 de agosto de 1982, Chikatilo conoció a Oleg Pozhidayev, un niño de 9 años a bordo de un autobús. El pequeño fue visto en compañía de su futuro asesino por varios testigos que le dieron la descripción a la policía, aunque sus efectivos no fueron capaces de encontrarle ni a él ni al cadáver de Oleg, que siguió desaparecido aún después de la captura del criminal, por lo que no se conocieron las características de este homicidio.

Tres días después de haber acabado con la vida de Oleg, Chikatilo volvió a hallar la oportunidad de atacar cuando divisó a la adolescente Olga Kuprina, de 16 años, en el andén de la estación de Kazachii Lageria. El «Carnicero de Rostov» volvió a utilizar su táctica infalible y consiguió que la joven le acompañara a un bosque cercano, donde la ultimó de igual manera que a sus anteriores víctimas.

Estos seis primeros crímenes marcaron lo que en los ocho años siguientes se transformó en una de las carnicerías más terribles de la historia de los asesinos en serie. Cada uno de los casos conocidos presenta características tanto o más terribles que los ya mencionados, como el de Tatyana Petrosyan, una joven de 32 años que había aceptado a Chikatilo como amante pese a su disfunción sexual. El 25 de mayo de 1984, él fue a visitarla con objeto de retomar la relación, pero se produjo una discusión entre ellos y terminó asesinándola junto a su hija Svetlana, de 11 años.

Con el tiempo, cuando la gestión de Gorbachov permitió que la prensa divulgara los asesinatos, se supo que era solo cuestión de tiempo antes de que todo terminara. Para él, ser arrestado fue un alivio, según admitió en la cárcel. Chikatilo creía que padecía una enfermedad mental que era lo que provocaba sus actos incontrolables. Por eso, quería ver a algunos especialistas en desviación sexual y dijo que respondería a todas las preguntas.

De esta manera, tras su arresto, el reo fue enviado al Instituto Serbsky de Moscú durante dos meses para una evaluación psiquiátrica y neurológica a cargo del Doctor Andréi Tkachenko. En la misma, se determinó que tenía daño cerebral desde el nacimiento y que esto había afectado su capacidad para controlar su vejiga y sus emisiones seminales. Sin embargo, para el Doctor Tkachenko, Chikatilo había cometido todos los delitos por su propia voluntad, a sabiendas de que lo que estaba haciendo estaba mal: más de 50 crímenes sin ningún arrepentimiento o preocupación. Chikatilo había tomado sus decisiones libremente al completar cada ritual con las víctimas en un lugar escondido para ultrajarles y matarles.

Esto fue lo que determinó su destino final algunos meses después de ser capturado, en aquella celda aislada de la prisión de Rostov del Don, cuando el guardia apoyó su arma contra la nuca del reo y disparó. ¿Habrá alcanzado en ese momento la paz y la tranquilidad de saber que no repetiría sus actos? ¿Quién podría afirmarlo?

PERFIL CRIMINAL

Nacimiento: Ucrania, 16 de octubre de 1936.

Nombre y ocupación: Andréi Románovich Chikatilo, miembro del Partido Comunista, universitario, maestro de escuela, luego gerente de una empresa de suministro de maquinaria.

Infancia y juventud: sufrió el hambre por la guerra, burlado por sus compañeros, se orinaba encima. Tenía madre y hermana.

Esposa e hijos: casado, padre de dos niños, concebidos a través de la masturbación por su incapacidad eréctil.

Perfil: asesino serial, psicópata sexual, caníbal. Subyugaba a sus víctimas, las violaba y destrozaba sus cuerpos, incluso mordiendo y comiendo partes de ellos, para alcanzar el placer sexual, que se reducía a eyacularles encima.

Perfil psicológico: hombre educado, tímido y taciturno. Con daño cerebral desde el nacimiento que provocaba su incapacidad para controlar su vejiga y su eyaculación. Consciente de sus delitos, sin culpa ni arrepentimiento.

Tipo de víctimas: mayoritariamente, niñas, niños y jóvenes.

Crímenes: reconoció haber cometido 56 asesinatos de los que se hallaron 53 cuerpos por sus propias indicaciones.

Modus operandi: capturaba sus presas ofreciéndoles golosinas, comida y dinero. Su centro de operaciones eran las estaciones de tren. Distraía a sus víctimas con charlas amenas y las introducía en el bosque más cercano para ultrajarlas y matarlas.

Condena: sentenciado a la pena de muerte, murió de un disparo en la nuca en la prisión de Rostov del Don.

Bibliografía

Allen, John. *Serial Killer Andrei Chikatilo: Mass Murderers Who Shocked the World*. Amazon Media, 2018.

Conradi, Peter. *The Red Ripper: Inside the Mind of Russia's Most Brutal Serial Killer*. Open Road Media, 2016.

Constantine, Nathan. *A History of Cannibalism: From Ancient Cultures to Survival Stories and Modern Psychopaths*. Arcturus, 2018.

Cullen, Robert. *The Killer Department: Detective Viktor Burakov's Eight-Yeas Hunt for de Most Savage Serial Killer In Russian History*. Pantheon Books, 1995.

Enda. *Famous People: Andrei Chikatilo Biography*. Amazon Media, 2020.

Giannangelo, Stephen. *Real-Life Monsters: A Psychological Examination of the Serial Murderer*. Praeger, 2012.

Guijarro, Percebal. *A.K.A Los Asesinos en serie más crueles: La naturaleza humana puede ser la más oscura de las naturalezas*. CreateSpace Independent Publishing Platform, 2018.

Krivitch, Mikhail, Ol'Gin Olgert. *Comrade Chikatilo: The Psychopathology of Russia's Notorious Serial Killer*. Barricade Books Inc, 1993.

Levin, Jack y Fox, James Alan. *Extreme Killing: Understanding Serial and Mass Murder*. SAGE Publications, 2014.

Lourie, Richard. *Hunting the Devil: The Pursuit, Capture and Confession of the Most Savage Serial Killer in History*. Harpercollins, 1994; y su edición en castellano *La Caza del Diablo: historia, caza y captura de Andrei Chikatilo El Carnicero de Rostov*. Ediciones B, 1994.

Lyon, Samantha y Tan. Daphne, *Supernatural Serial Killers*. Arcturus Publishing, 2015.

MacCormick, Alex. *The Mammoth Book of Predators*. Robinson, 2011.

Marlowe, John. *Serial Killers & Psychopaths: True Life Cases That Shocked the World*. Charotte Greig, Arcturus Pub, 2020.

McQueen, Victor. *The World's Worst Serial Killers: Monsters whose crimes shocked the world*. Lora Johnson, Serial Killers, 2015.

Murder Laboratory. *Two-Faced Russian Monster: The True Story of Andrei Chikatilo*. CreateSpace Independent Publishing Platform, 2016.

Pietras, David. *Unmasking the Real Hannibal Lecter*. Amazon Media, 2014.

Pont i Amenós, Teresa y Sauch Cruz, Montse. *Profiling. El acto criminal*. Editorial UOC, 2011.

Silva Velázquez, Sergio. *Hungry: novela*. Editorial Dunken, 2013.

TÍTULOS DE LA COLECCIÓN

TED BUNDY
LA MENTE DEL MONSTRUO

***

JOHN WAYNE GACY
EL PAYASO ASESINO

***

DENNIS RADER
BTK: ATAR, TORTURAR Y MATAR

***

ANDRÉI CHIKATILO
EL CARNICERO DE ROSTOV

***

HENRY LEE LUCAS
EL PSICÓPATA SÁDICO

***

AILEEN WUORNOS
LA DONCELLA DE LA MUERTE

***

CHARLES MANSON
LA NOCHE DE LA MASACRE

***

EL ASESINO DEL ZODÍACO
UN ACERTIJO SIN RESOLVER

***

ANDREW CUNANAN
EL ASESINO DE VERSACE

***

JEFFREY DAHMER
EL CANÍBAL DE MILWAUKEE

ALEXANDER PICHUSHKIN
EL ASESINO DEL AJEDREZ

***

PEDRO ALONSO LÓPEZ
EL MONSTRUO DE LOS ANDES

***

HAROLD SHIPMAN
EL DOCTOR MUERTE

***

ARQUÍMEDES PUCCIO
EL SINIESTRO LÍDER DEL CLAN

***

GILBERTO CHAMBA
EL MONSTRUO DE MACHALA

***

MARY BELL
LA NIÑA ASESINA

***

DONATO BILANCIA
EL ASESINO DEL TREN

***

JACK EL DESTRIPADOR
EL TERROR DE WHITECHAPEL

***

MANUEL DELGADO VILLEGAS
EL ARROPIERO: UN PSICÓPATA NECRÓFILO

***

JEAN-CLAUDE ROMAND
EL PARRICIDA MITÓMANO